MES FICHES POUR LE BAC

1re

W0219913

Histoire Géographie

Frédéric Fouletier
Pascal Jézéquel
Laëtitia Léon-Benbassat
Servane Marzin
Évelyne Pons-Soumah
Johann Protais
Alain Rajot

Nathan

Sommaire

Le nouveau Bac

Lue | Relue | Apprise

HISTOIRE

L'Europe face aux révolutions

La France dans l'Europe des nationalités : politique et société (1848-1871)

La IIIe République avant 1914 : un régime politique, un empire colonial

ISBN : 978-2-09-157424-0

Sommaire

La Première Guerre mondiale : le « suicide de l'Europe » et la fin des empires européens

Lue | Relue | Apprise

GÉOGRAPHIE

La métropolisation : un processus mondial différencié

Une diversification des espaces et des acteurs de la production

Sommaire

Les épreuves du nouveau bac

Nouveau BAC

Le calendrier

- Les premières épreuves du nouveau bac auront lieu en **janvier 2020** dans le cadre du **contrôle continu** et concernent les élèves de 1re.
- La première session des épreuves anticipées du bac en français aura lieu en **juin 2020** pour les élèves de 1re.
- Les nouvelles épreuves finales auront lieu en **2021** pour les élèves de Terminale.

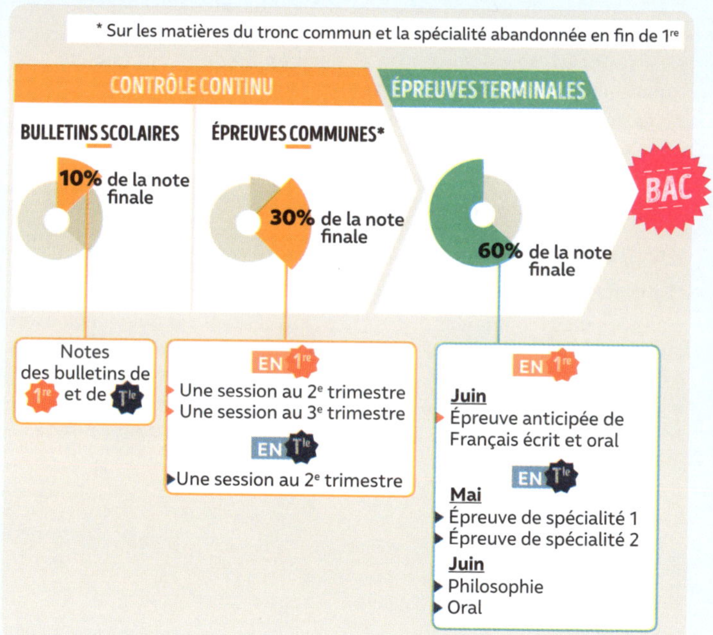

Le grand oral

- Cette épreuve, d'une durée de **20 minutes**, se réalise devant un jury et porte sur un projet conduit sur le thème d'une des spécialités choisies par l'élève.
- Elle se déroule en **deux parties :** la présentation du projet, puis un échange à partir de ce projet, permettant d'évaluer la capacité de l'élève à analyser et mobiliser des connaissances.

3 spécialités en 1re, 2 spécialités en Terminale

- À la fin de l'année, les élèves de 1re devront abandonner une des trois spécialités choisies en début d'année.
- La spécialité abandonnée sera évaluée **en fin de 1re** par une épreuve **commune de contrôle continu** (30 % de la note finale).
- Les deux spécialités conservées en terminale seront quant à elle évaluées **en fin de Terminale** par une épreuve finale (60 % de la note finale).
- Par ailleurs, toutes les notes des bulletins scolaires de l'année compteront pour 10 % de la note finale.

En quoi consistent les épreuves communes du contrôle continu ?

- Les épreuves communes du contrôle continu sont des **devoirs ou exercices sur table**. Les sujets sont issus d'une banque nationale. Les copies sont anonymes et corrigées par d'autres professeurs que ceux de l'élève.
- Les enseignements communs sont évalués aux **deuxième et troisième trimestres de l'année de 1re** et en **décembre de l'année de Terminale**.

Les épreuves communes d'histoire-géographie en 1re

Nouveau BAC

Comment se décompose l'épreuve d'histoire-géographie ?

- L'épreuve commune de contrôle continu est une épreuve écrite de 2 heures.
- Elle est composée de **deux parties**.
- Si la première partie du sujet porte sur l'histoire, la deuxième porte sur la géographie et inversement. Si la première partie de la première épreuve de contrôle continu est en histoire, la première partie de la deuxième épreuve est en géographie et inversement.
- L'épreuve sera notée sur 20 points, **chaque partie sur 10 points**. La note finale est composée de la somme des points obtenus à chacune des parties.

Partie 1 : réponse à une question problématisée

- Il s'agit d'une **réponse rédigée et construite**. Le candidat doit montrer qu'il a acquis des capacités d'analyse, qu'il maîtrise des connaissances, sait les sélectionner et les organiser de manière à répondre à la problématique de la question.
- L'intitulé de la question suggère des éléments de construction de la réponse.

Partie 2 : analyse de document(s) ou réalisation d'une production graphique

- L'analyse de document(s) est accompagnée d'une **consigne** suggérant une problématique et des éléments de construction de l'analyse.
- Le ou les document(s), en histoire comme en géographie, comporte(nt) un **titre** et, si nécessaire, un nombre limité de notes explicatives.
- Lorsque la production graphique est un **croquis**, ce croquis est réalisé à partir d'un texte élaboré pour l'exercice, qui présente une situation géographique. Un fond de carte est fourni. Le titre et l'organisation du texte indiquent de grandes orientations pour la réalisation du croquis.
- Dans le cas d'une autre production graphique, les consignes et les données servant à l'élaboration de cette production sont fournies avec l'exercice.

La Révolution française, une rupture politique et sociale

1

Lue Relue Apprise

En 1789, la rupture révolutionnaire avec l'« Ancien Régime » se traduit par d'importantes réformes et une tentative de monarchie constitutionnelle.

1 Aux origines de la Révolution

A Une monarchie en crise

- La **crise économique** met en difficulté les finances de l'État, qui est endetté. **Louis XVI** (1774-1792), devant le refus des privilégiés de payer tout impôt, **convoque les états généraux** pour discuter d'une réforme fiscale.
- Ceux-ci s'ouvrent en **mai 1789**. Le **tiers état** entend mener d'importantes **réformes**, alors que le **clergé** et la **noblesse**, ordres privilégiés, tentent de maintenir la « **société d'ordres** ».

Lexique

États généraux : réunion de représentants de chacun des trois ordres qui composent la société (noblesse, clergé et tiers état).

Tiers état : l'essentiel de la population (97 %), composé de ceux qui travaillent (paysans, bourgeois) et paient des impôts.

B La rupture politique et sociale de l'été 1789

- Le 20 juin, les **députés du tiers état décident de se proclamer Assemblée nationale** et de rédiger une **constitution**. Le 9 juillet, Louis XVI reconnaît l'Assemblée nationale constituante.
- Puis le **peuple** entre en scène, inquiet d'une réaction violente du roi et de la noblesse : **prise de la Bastille le 14 juillet** à Paris, et période d'agitation liée à la crainte paysanne d'une réaction de la noblesse (on évoque la « **Grande Peur** ») dans les campagnes, où les châteaux sont incendiés.
- L'Assemblée vote l'**abolition des privilèges** pendant la **nuit du 4 août** et proclame l'égalité des Français. C'est une révolution sociale.
- Le **26 août**, la **Déclaration des droits de l'homme et du citoyen** fixe les principes de construction d'une France nouvelle. Inspiré des Lumières, ce texte fait des Français des **citoyens libres et égaux en droits**.
- La **presse** et les **clubs** animent le débat politique au sein de la population française.

2 Une tentative avortée de monarchie constitutionnelle

A Une volonté de démocratisation

- En 1791, l'Assemblée propose un système de **monarchie constitutionnelle** partageant les pouvoirs et fondé sur la souveraineté nationale : le **pouvoir législatif** appartient à l'Assemblée législative, alors que le roi conserve le **pouvoir exécutif** et un droit de veto suspensif sur les lois. Le **suffrage** est **censitaire**, système électoral dans lequel le droit de vote est réservé à ceux qui paient une certaine somme d'impôts, ce qui en prive une partie des citoyens.
- Mais l'**hostilité de Louis XVI** fait échouer cette tentative politique. Le roi utilise régulièrement son veto et essaie de bloquer le travail de l'Assemblée. Il tente de fuir à l'étranger mais est **arrêté à Varennes** le 21 juin.

B La chute de la monarchie

- **Le 20 avril 1792**, face à la menace grandissante des monarchies européennes, hostiles au processus révolutionnaire, **la France déclare la guerre à la Prusse et à l'Autriche**. Louis XVI espère qu'une défaite lui rendra ses pouvoirs.
- **La France est envahie** et, en juillet, la patrie est déclarée « en danger ». L'ennemi menace le peuple de Paris, lui intimant l'ordre de rétablir Louis XVI dans ses droits. Les Parisiens, notamment les **sans-culottes**, répondent le **10 août** par une nouvelle **journée insurrectionnelle**, prenant le palais royal des Tuileries. Le roi se réfugie à l'Assemblée, mais celle-ci décide son **arrestation**, ainsi que l'élection au **suffrage universel** (système donnant le droit de vote à tous les citoyens) d'une **Convention nationale**.
- **La République est proclamée le 22 septembre 1792** par la Convention, assemblée dominée par les **Jacobins**.
- Le roi est jugé par cette nouvelle assemblée, condamné à mort et **exécuté le 21 janvier 1793** (voir p. 15). La Révolution se fera donc sans le roi.

Lexique

Sans-culottes : catégorie sociale modeste sans être pauvre, souvent composée d'artisans des villes, prônant l'égalité sociale.

Jacobins : partisans d'une poursuite de la Révolution et d'une démocratie centralisée. Ils se réunissaient dans l'ancien couvent des Jacobins.

Achever la Révolution sans le roi (1793-1815)

2

Lue Relue Apprise

La République est proclamée par la Convention le 22 septembre 1792. Mais les guerres rendent son fonctionnement instable jusqu'à l'arrivée au pouvoir de Napoléon Bonaparte, qui parvient à fonder un empire.

1 La difficile construction de la démocratie au début de la Ire République (1792-1794)

A Une situation de guerre civile

- À la Convention, les Jacobins se divisent. Début juin 1793, les **Montagnards** font arrêter les **Girondins**, partisans d'un système fédéral. **La guerre civile couve** : des soulèvements ont lieu, anti-républicains à l'Ouest, menés par la noblesse et le clergé, souvent fédéralistes ailleurs (Bordeaux, Marseille, Lyon...).
- Pour sauvegarder la République, **les Montagnards suspendent les libertés** (la « loi des suspects », votée par la Convention le 17 septembre 1793, permet d'arrêter et juger toute personne suspecte, ennemi réel ou potentiel de la Révolution).
- Issu de la Convention, un **Comité de salut public** coordonne la lutte et un **Comité de sûreté générale** fait juger les ennemis, réels ou potentiels, en s'appuyant sur la loi des suspects. Les condamnations à la guillotine sont nombreuses (environ 20 000 exécutions en un an).

lexique

Girondins, Montagnards : courants politiques divisant les députés. Les Girondins souhaitaient une république modérée et décentralisée. Les Montagnards étaient favorables à une République forte et centralisée.

B La République montagnarde et la chute de Robespierre

- Les Montagnards essayent d'**effacer les traces de l'Ancien Régime** (création d'un calendrier nouveau) et s'appuient sur les **sans-culottes**. Ils votent la **loi du Maximum**, portant sur les prix, mais aussi les salaires.
- **La Terreur s'arrête avec la chute de Robespierre** le 9 thermidor an II (27 juillet 1794). Un **Directoire** se met en place, où les pouvoirs sont divisés entre cinq directeurs et se neutralisent pour empêcher le retour de la tyrannie.

point de passage

Née en 1754 dans une famille d'artisans parisiens et éduquée dans les idées des Lumières, **Mme Roland** se rapproche des Jacobins sous la Révolution. Active dans la formation des sociétés populaires et des clubs qui font vivre le débat politique, elle crée et anime un salon accueillant des hommes politiques influents. Elle est condamnée à mort en novembre 1793.

2 La recherche de stabilité politique (1795-1815)

A De la République à l'Empire

- **Le général Napoléon Bonaparte prend le pouvoir par un coup d'État** le 18 brumaire an VIII (9 novembre 1799). Le **Consulat**, où le pouvoir exécutif est partagé entre trois consuls, met fin au Directoire.
- Napoléon devient **Premier consul** jusqu'à son couronnement en tant qu'**empereur**, sous le nom de **Napoléon Ier**, le 2 décembre 1804.

B Continuer ou arrêter la Révolution ?

- Le **pouvoir exécutif** entre les mains de Napoléon Bonaparte est exercé de façon **autoritaire** (police, censure), le pouvoir législatif est affaibli.
- Il préserve **certains acquis de la Révolution** (égalité devant la loi, séparation des pouvoirs, suffrage universel, etc.), y ajoutant des « masses de granit » pour achever la Révolution : préfets, lycées, nouvelle monnaie (le franc), Code civil (voir p. 15) et Code pénal. Un Concordat réorganise et pacifie les relations entre l'État et l'Église. Il souhaite **promouvoir la paix civile** après la Révolution.

Lexique

Concordat : traité réglant les relations entre un État et l'Église catholique, représentée par le pape.

3 La France révolutionnaire domine l'Europe jusqu'en 1814

A Des conquêtes françaises qui diffusent les idées révolutionnaires

- Les **guerres révolutionnaires** ont permis des **conquêtes**, voire des **annexions** (Belgique, Hollande, Italie du Nord...), diffusant ainsi les **idées révolutionnaires**.
- Une **armée de citoyens volontaires** avait été organisée par Lazare Carnot, devenue sous Napoléon la « **Grande Armée** » et remportant des victoires prestigieuses : Austerlitz (2 décembre 1805), Wagram (5 et 6 juillet 1809).

B L'Europe est bouleversée par Napoléon Bonaparte

- **Napoléon réorganise l'Europe** (proches placés à la tête de nombreux pays, traités d'alliance avec les vaincus). La domination française amène le **soulèvement** de peuples européens (Espagne, pays allemands...).
- Suite à l'échec de Napoléon en Russie (1812), **une nouvelle coalition européenne fait plier l'empire français en 1814** puis, après un bref retour de Napoléon Ier, en 1815 (défaite de Waterloo le 18 juin).

L'Europe entre restauration et révolution (1814-1848)

3

Lue Relue Apprise

En 1814-1815, les vainqueurs de Napoléon souhaitent restaurer un ordre monarchique et conservateur sur le continent. Mais ils se heurtent à l'émergence de mouvements révolutionnaires et nationaux.

1 Réorganiser l'Europe selon l'ordre ancien

- Organisé entre septembre 1814 et juin 1815, le **congrès de Vienne** réunit les représentants des souverains vainqueurs de Napoléon, mais également ceux des petits États continentaux. L'objectif est de tenter d'**effacer l'empreinte révolutionnaire et impériale** (voir p. 16).
- Les **vainqueurs de Napoléon**, à l'exception du Royaume-Uni, **souhaitent tirer profit de leur victoire en agrandissant leur territoire**, sans prendre en compte la question des aspirations nationales.
- En septembre 1815, à l'initiative du tsar de Russie, une **« Sainte Alliance »** est conclue **entre l'Autriche, la Prusse et la Russie** pour établir une paix durable et se protéger d'éventuels mouvements révolutionnaires.

2 Deux expériences de monarchie constitutionnelle en France (1814-1848)

- **Louis XVIII** (1814-1824), frère de Louis XVI et héritier théorique de la couronne depuis 1795, est rétabli sur le trône par les puissances étrangères qui viennent de vaincre Napoléon.
- **La monarchie est restaurée**, mais le roi **« octroie »** une **Charte qui limite le pouvoir royal** et reconnaît les principaux acquis de la Révolution comme l'abolition des privilèges.
- Cependant, la Charte de 1814 **n'introduit pas un régime parlementaire** et le système électoral est fondé sur le **suffrage censitaire.**
- À la mort de Louis XVIII, son frère devient roi sous le nom de **Charles X** et souhaite renforcer le pouvoir royal. Cela entraîne une nouvelle révolution les 27, 28 et 29 juillet 1830.
- **Philippe d'Orléans**, cousin de Charles X, est proclamé **« roi des Français »** sous le nom de Louis-Philippe Ier, grâce au soutien des bourgeois libéraux. Le nouveau roi **réforme la Charte** (on parle désormais de **« Monarchie**

point de passage

Hostile au système représentatif mis en place par Louis XVIII, Charles X nomme, en 1829, le prince de Polignac, très conservateur, à la présidence du conseil des ministres. Le 26 juillet 1830, il promulgue quatre ordonnances qui réduisent le corps électoral et les libertés. Les 27, 28 et 29 juillet 1830, (les « **Trois Glorieuses** »), les Parisiens se révoltent et Charles X doit s'exiler.

de juillet ») en développant une base électorale plus large. Le **Parlement** partage désormais l'initiative des lois avec le roi.

- **La petite bourgeoisie et les ouvriers réclament** en vain **le suffrage universel**. Quand le roi interdit les réunions politiques en février 1848, une **nouvelle révolution** éclate.

3 Libéralisme et aspirations nationales en Europe

- Né en Angleterre au XVIIIe siècle, le **libéralisme** est une **idéologie qui rappelle que l'individu dispose de libertés et de droits fondamentaux** (d'expression, de réunion, de conscience...) face à l'État.
- Les libéraux apportent leur **soutien à la lutte en faveur des nationalités opprimées ou divisées** qui souhaitent se constituer en États-nations.
- Dans la première moitié du XIXe siècle, les **dirigeants des mouvements nationalistes**, ignorés par le congrès de Vienne, s'emploient à **répondre aux aspirations des nationalités**.
- On les classe en deux grandes catégories : celles qui visent à regrouper leur nation en **un seul État** (tels les Italiens et les Allemands) ; celles placées sous la domination d'autres États et qui revendiquent leur **indépendance** (Grèce, voir p. 16).

lexique

État-nation : État qui rassemble une nation établie sur un territoire délimité, et définie en fonction d'une identité commune de la population.

Nationalité : groupement d'individus partageant des mêmes valeurs, une histoire et une origine communes.

4 1830-1848 : deux poussées révolutionnaires

- La révolution parisienne de 1830 entraîne des **révoltes sur le continent**.
- En 1830, la **Belgique** catholique obtient son **indépendance des Pays-Bas**, alors que les **Polonais** se soulèvent à leur tour, sans succès, contre la domination russe.
- À la suite de la révolution qui secoue la France en février 1848, un ensemble de révoltes enflamme de nouveau le continent : on parle d'un **« Printemps des peuples »**.
- Les **citoyens** prennent conscience de leur **pouvoir potentiel** et démontrent que les aspirations à la liberté ne peuvent plus être ignorées.
- Même si ce mouvement connaît des **échecs**, avec des **répressions** et le retour à un ordre dynastique, les souverains sont amenés à faire des **concessions** : en Prusse et au Piémont, des constitutions sont accordées, et les droits seigneuriaux sont abolis en Autriche.
- Après les révolutions de 1848, **le congrès de Vienne et ses principes** semblent désormais définitivement **remis en cause**.

Points de passage et d'ouverture : l'Europe face aux révolutions

4

Lue Relue Apprise

1 Le procès et mort de Louis XVI (décembre 1792-janvier 1793)

- Louis XVI est **emprisonné au Temple** depuis la journée révolutionnaire du **10 août 1792**. Son procès est organisé par la **Convention** elle-même : la Nation jugera son roi.
- Les **débats** se déroulent les 11 et 26 décembre 1792. Louis XVI nie toute trahison, ne reconnaissant pas même les documents signés de sa main, notamment la correspondance avec l'Autriche découverte aux Tuileries en novembre.
- **Les députés se divisent**, car l'enjeu est la consolidation de la République. Ils décident finalement de la culpabilité de Louis XVI à plus de 90 %, puis la mort est prononcée à la majorité.
- Son **exécution publique** a lieu le **21 janvier 1793**, place de la Révolution (Concorde).

2 Le Code civil (1804)

- Le **Code Napoléon**, promulgué en mars 1804, est un recueil rassemblant les lois désormais en vigueur en France. Il porte sur le **droit des personnes, de la famille et des biens**. Il proclame l'égalité des citoyens devant la loi, au nom des principes des Lumières et de la République.
- Cependant, il montre une **vision** relativement **conservatrice de la société**, maintenant les femmes dans un état de mineures (Doc.).
- Ce code **se diffuse**, essentiellement par l'effet des conquêtes et de l'influence de la France. Devenu **Code civil**, il est **toujours en vigueur** en France aujourd'hui, modifié et augmenté par les lois de la République.

3 Metternich et le congrès de Vienne

- Né en 1773, Clément Metternich-Winneburg devient **ambassadeur de l'empereur d'Autriche** et, après la victoire française de Wagram (juillet 1809), **ministre des Affaires étrangères et chancelier d'Autriche**. Chargé de négocier la paix avec Napoléon, il est obligé d'accepter des **conditions humiliantes**.
- Mais à partir de 1813, il pousse l'empereur d'Autriche à rejoindre la **coalition anti-française**. Après la défaite de Napoléon, Metternich accepte la **restauration des Bourbons** sur le trône de France.
- Revenu ensuite à Vienne, il prépare le **congrès de Vienne** pour établir « un système d'équilibre durable » sur le continent.

- Soucieux de préserver l'œuvre du congrès, Metternich souhaite **éteindre les menées révolutionnaires** en Europe. Il est chassé du pouvoir par la révolution de mars 1848.

4 Le massacre de Chios (ou Scio)

- Au début du XIXe siècle, influencés par les valeurs de la Révolution française et l'idée de nation, **les Grecs se soulèvent contre l'occupation ottomane**.
- Sur l'**île de Chios**, située en mer Égée, la population est partagée au sujet de l'insurrection contre les Turcs. Le gouvernement turc organise la contre-attaque en envoyant en 1821-1822, plusieurs dizaines de milliers d'hommes sur l'île. Après une brève résistance, **les combattants grecs sont battus** et se replient, alors que les troupes ottomanes commencent le massacre des habitants.
- On estime que **25 000 personnes ont été tuées et 45 000 réduites en esclavage**. Le massacre indigne les gouvernements et les intellectuels européens. En 1826, le Royaume-Uni et la Russie décident d'intervenir, suivis par la France en 1827. **En 1830, l'indépendance grecque** est enfin reconnue.

Doc. Extraits du Code Napoléon (1804)

Art. 1er. Les lois sont exécutoires dans tout le territoire français, en vertu de la promulgation qui en est faite par le Premier consul. Elles seront exécutées dans chaque partie de la République, du moment où la promulgation en pourra être connue.
Art. 8. Tout Français jouira des droits civils.
Art. 144. L'homme avant dix-huit ans révolus, la femme avant quinze ans révolus, ne peuvent contracter mariage.
Art. 203. Les époux contractent ensemble, par le fait seul du mariage, l'obligation de nourrir, entretenir et élever leurs enfants.
Art. 488. La majorité est fixée à vingt-un ans accomplis.
Art. 544. La propriété est le droit de jouir et disposer des choses de la manière la plus absolue, pourvu qu'on n'en fasse pas un usage prohibé par les lois ou par les règlements.
Art. 1101. Le contrat est une convention par laquelle une ou plusieurs personnes s'obligent, envers une ou plusieurs autres, à donner, à faire ou à ne pas faire quelque chose.
Art. 1382. Tout fait quelconque de l'homme, qui cause à autrui un dommage, oblige celui par la faute duquel il est arrivé, à le réparer.
Art. 1832. La société est un contrat par lequel deux ou plusieurs personnes conviennent de mettre quelque chose en commun, dans la vue de partager le bénéfice qui pourra en résulter.

L'Europe face aux révolutions

Révision EXPRESS

Les points essentiels

- La révolution de l'été 1789, permet de profondes réformes avec l'**abolition des privilèges** et la **Déclaration des droits de l'homme et du citoyen**.
- La journée révolutionnaire du **10 août 1792** provoque l'**arrestation du roi** et l'établissement de la **République** en septembre 1792.
- L'hostilité des monarchies européennes et la **division** entre Girondins et Montagnards provoquent une **guerre civile**. Pour y mettre fin, le gouvernement montagnard impose le système de la **Terreur** jusqu'en 1794.
- **Napoléon Bonaparte** s'empare du pouvoir en novembre 1799. Il établit un régime autoritaire : le **Consulat**, qu'il transforme en empire en 1804. Il tente de maintenir certains acquis de la Révolution tout en mettant fin à la Révolution. Il se heurte aux monarchies européennes et aux sentiments nationaux. **Il est battu** en 1814-1815.
- Les vainqueurs essaient de rétablir l'Ancien Régime en réunissant le **congrès de Vienne**. En France, la monarchie est rétablie, mais le roi **Louis XVIII** adopte une **Charte** qui confirme certains **acquis de la Révolution**.
- En voulant la remettre en cause, son frère **Charles X** provoque une **révolution en 1830**. Le nouveau roi **Louis-Philippe** doit affronter une nouvelle **révolution en février 1848**, qui se propage en Europe, où libéraux et partisans des nationalités réclament la **mise en place d'États-nations** .

Les dates-clés

20 juin 1789	Assemblée nationale constituante
14 juillet 1789	Prise de la Bastille
22 septembre 1792	Proclamation de la République
1792 ou 1793-1794	Terreur
18 Brumaire 1799	Coup d'État de Napoléon Bonaparte
2 décembre 1804	Napoléon couronné empereur
1814-1815	Congrès de Vienne
27-29 juillet 1830	Révolution des « Trois Glorieuses »
24 février 1848	Proclamation de la République Début du « Printemps des peuples »

Mémo'Quiz

Cochez la ou les bonne(s) réponse(s).

La Révolution française et l'Empire

1. L'Ancien Régime a complètement disparu en France :

❑ le 5 mai 1789.

❑ le 14 juillet 1789.

❑ lors de la nuit du 4 août 1789.

2. Les principales lois issues des changements révolutionnaires sont rassemblées dans :

❑ la Déclaration des droits de l'homme et du citoyen.

❑ le Code civil.

3. Quel suffrage existe en France sous la Restauration (1814-1830) ?

❑ le suffrage universel ❑ le suffrage censitaire

L'Europe entre restauration et révolution

1. Quel congrès entend redessiner les frontières européennes et favoriser le retour d'un ordre monarchique en Europe ?

❑ le congrès de Vienne

❑ Le congrès de Paris

❑ le congrès de Londres

2. Le souverain de la monarchie de Juillet est :

❑ Louis XVII. ❑ Louis-Philippe. ❑ Charles X.

3. Le « Printemps des peuples » est déclenché par :

❑ la révolution parisienne de février 1848.

❑ la journée révolutionnaire du 10 août 1792.

❑ la révolution de juillet 1830.

→ Corrigés p. 95

La difficile entrée dans l'âge démocratique : la IIe République

5

Lue Relue Apprise

Au XIXe siècle, le rapport de force entre républicains et tenants d'un régime héréditaire se trouve réactivé avec la révolution de 1848.

1 Les espoirs de la IIe République

A La Révolution de 1848

- À partir de 1847, une **campagne de banquets** réclame l'élargissement du corps électoral de la monarchie de Juillet.
- Le **22 février 1848**, le pouvoir interdit le banquet prévu à Paris. Le 23, des manifestants s'y opposant sont tués par l'armée ; leurs corps promenés dans Paris soulèvent la capitale, puis toute la France. **La monarchie de Juillet disparaît.**
- Le 24 février, depuis l'Hôtel de Ville, **Alphonse de Lamartine** (voir p. 27) **proclame la République**. Il annonce la composition d'un **gouvernement provisoire** qui compte de nombreux républicains : lui-même au poste de ministre des Affaires étrangères, ou encore Dupont de l'Eure, ancien révolutionnaire de 1789 ; et deux ministres socialistes, Louis Blanc, journaliste, et Albert, ouvrier.

B La réaffirmation de principes républicains hérités de 1792

- L'adoption de la devise, « **liberté, égalité, fraternité** » et l'effigie de **Marianne**, visage mêlé de la République et de la liberté, réactivent l'héritage révolutionnaire.
- Dès le 25 février, le gouvernement provisoire proclame des **droits fondamentaux** : **libertés** de réunion et de la presse, **enseignement** primaire gratuit et obligatoire, **abolitions** de la peine de mort en matière politique et de l'esclavage. Le **droit au travail** et la réduction de la durée du travail sont décidés. Le 26 février, sont créés les **Ateliers nationaux**, qui occupent les chômeurs à des travaux publics.
- Le 5 mars 1848, comme en 1792, l'instauration du **suffrage universel masculin** augmente le nombre d'électeurs de 250 000 à plus de 9 millions. Ce suffrage masculin est contesté par les **féministes**, qui réclament l'égalité politique.

Lexique

Féminisme : pensée politique qui réclame les mêmes droits pour les femmes que pour les hommes.

2 L'échec de la IIe République

A Les tensions entre bourgeois et ouvriers et la guerre civile

- Les élections d'avril 1848 ont conduit à la formation d'une **chambre de notables** (personnes qui occupent des positions sociales influentes) **et de bourgeois** hostiles au droit du travail, tandis que les ouvriers comptent sur le nouveau régime pour mettre en place une véritable législation sociale.
- Quand les députés votent la fermeture des Ateliers nationaux le 21 juin, les **ouvriers** dressent des **barricades dans Paris**. La réaction est terrible : aux milliers de morts et fusillés sans jugement, s'ajoutent 11 000 jetés en prison ou déportés. Des **lois répressives** brisent la dynamique de février.

B Les tensions entre ville et campagne

- La révolution de 1848 touche d'abord les **villes**, et notamment Paris. Foyer de contestation, la ville est aussi le lieu où s'organisent les nouveaux pouvoirs politiques.
- Les **petits paysans** propriétaires des campagnes sont **fragiles** : beaucoup doivent cumuler travail aux champs et à l'atelier. Ils s'indignent donc de la loi augmentant de 45 % les impôts fonciers et, par le suffrage universel, élisent **des députés conservateurs**, en avril 1848, puis en mai 1849.

lexique

Conservateur : qui souhaite que les choses restent en l'état, hostile au changement.

C Les tensions entre républicains et conservateurs

- Un **clivage** majeur oppose les républicains aux députés, **conservateurs**. Le **15 mai 1848**, une **manifestation** tente de renverser l'Assemblée, et échoue. De nombreux leaders républicains sont arrêtés (Raspail, Barbès, Blanqui), d'autres s'enfuient.
- **Eugène Cavaignac** devient l'homme fort du gouvernement. La **Constitution** votée le 4 novembre prévoit l'**élection du président de la République au suffrage universel**. **Louis-Napoléon Bonaparte** est élu avec plus de 75 % des voix. Le pouvoir échappe alors aux républicains. Le **« parti de l'Ordre »** l'emporte en mai 1849, et s'emploie à purger la société de son ferment révolutionnaire.

lexique

« Parti de l'Ordre » : parti qui défend l'ordre établi, la hiérarchie en place dans la société.

La difficile entrée dans l'âge démocratique : le Second Empire 6

☐ Lue ☐ Relue ☐ Apprise

Le Second Empire concentre les pouvoirs entre les mains de l'empereur. Progressivement, les Français, et notamment les ouvriers, réclament des droits.

1 Un régime fort entre les mains de l'empereur

A Un empire qui s'installe dans la violence

- Dès **1851**, le **coup d'État** (prise du pouvoir par la force) entraîne une **répression** très dure sur la presse et les républicains, condamnés à la prison ou au bagne. Beaucoup choisissent l'**exil** pour échapper aux poursuites.
- **Louis-Napoléon Bonaparte** obtient par **plébiscite** la responsabilité de rédiger une nouvelle **constitution**.
- Le **2 décembre 1852**, il est proclamé **empereur héréditaire des Français**, sous le nom de **Napoléon III**.

lexique

Plébiscite : vote permettant d'approuver ou non la politique d'une personne par l'intermédiaire d'une question.

B L'illusion du suffrage universel et le renforcement de l'État

- L'empereur détient seul le **pouvoir exécutif**, a l'**initiative des lois**, nomme aux emplois civils et militaires, déclare seul la **guerre**, signe seul les **traités** ; la **justice** est rendue en son nom, il **incarne la nation**. Il est donc **omnipotent**.
- Son gouvernement n'est **responsable devant aucune assemblée**. Le corps législatif, où siègent 261 députés élus au suffrage universel, est convoqué ou dissout au gré de l'empereur ; aucun discours n'y est prononcé. Son seul pouvoir consiste à voter le budget.
- Entre 1851 et 1870, **trois plébiscites** offrent à l'empereur le **soutien** écrasant des électeurs français.

point de passage

Louis-Napoléon Bonaparte (1808-1873), neveu de Napoléon 1er, s'oppose à la monarchie de Juillet et tente un premier coup d'État. Député en mai 1848, il s'impose dans le jeu politique et est élu triomphalement président de la République en décembre 1848. Il s'oppose aux députés et provoque un coup d'État contre l'Assemblée le 2 décembre 1851.

C Une politique qui mêle propagande et réduction des libertés publiques

- Le **travail de la presse** est **encadré**, le **droit de réunion limité**, les cafés sous contrôle. Les Français semblent soutenir l'empereur et ses « candidats officiels » favorisés par l'administration lors des suffrages.

● Napoléon III fait l'objet d'une **intense propagande** ; il est présenté comme le sauveur de la France. Cette propagande culmine avec la naissance du prince héritier, le 15 mars 1856.

2 Un régime contesté qui finit par s'effondrer

A Un enracinement trompeur

● L'**enracinement du régime** semble s'amorcer **dans les campagnes**, où le développement des réseaux de transport soutient l'activité agricole, et où l'appareil administratif impérial se pose en défenseur des « petits » contre les notables.

● L'exercice du suffrage ouvre le monde rural aux pratiques politiques participatives. Le **bonapartisme** entend également promouvoir une **bourgeoisie nouvelle**, reposant sur l'industrie et la banque. Mais notables et ouvriers se montrent moins sensibles à la politique de grandeur nationale du régime.

Lexique

Bonapartisme : modèle politique qui mêle régime autoritaire et légitimité populaire, s'exprimant par le suffrage universel masculin, notamment lors des plébiscites.

B La montée des contestations et la chute du Second Empire

● Les républicains font entendre un **discours contestataire**. **Victor Hugo** choisit l'exil et s'oppose frontalement à l'empereur, avec des œuvres comme *Napoléon le petit*, *les Châtiments*, *Les Misérables*. **Edgard Quinet**, historien et républicain en exil, devient petit à petit la conscience des jeunes républicains : Léon Gambetta, Jules Ferry, François Raspail, Jules Favre s'affirment.

● En 1860, **Napoléon III assouplit le régime**, et en 1863, l'opposition triple son score. Le **délit de coalition** est **supprimé** en 1864, ce qui facilite les **grèves**. Mais ces concessions mécontentent les bonapartistes sans satisfaire ni les républicains, ni les conservateurs : les **difficultés** du régime s'accentuent.

● En 1869, l'**opposition républicaine et libérale** remporte **40 %** des suffrages, surtout dans les villes. Se croyant soutenu par les Français, Napoléon III pousse son avantage en déclarant la **guerre à la Prusse**, mais il est fait **prisonnier à Sedan**. L'empire s'effondre, et la **IIIe République** est proclamée le **4 septembre 1870**.

L'accélération des transformations économiques et sociales

7

Lue Relue Apprise

Le Second Empire entend moderniser l'économie française, ce qui recompose l'organisation sociale.

1 La modernisation de l'économie et l'industrialisation

A La promotion de l'innovation

- Le Second Empire valorise la **capacité d'invention** ; traités et outils théoriques de recherche se multiplient. L'administration enquête pour mesurer et rationnaliser le **développement économique**.
- L'empire met en scène les réussites industrielles par les **expositions universelles** de 1855 et 1867. Dans les **campagnes**, l'organisation des **comices**, obligatoire après 1851, récompense la mécanisation ou l'usage de l'engrais.

lexique

Comices : concours annuel de pratiques innovantes dans le monde rural.

B Un territoire décloisonné et connecté

- Par la loi de 1842, l'État prend à sa charge les **infrastructures** (terrains, ponts...), tandis que le matériel et les gares sont concédés à des **compagnies privées**. En 1857, la **fusion des lignes** aboutit à la création de **six grandes compagnies** associant industriels (comme les frères Pereire, voir p. 27) et financiers.
- Entre 1851 et 1870, le **réseau ferré** passe de 3 000 km à 17 000 km, et le **réseau télégraphique** de 2 000 km à 40 000 km.

C La transformation des modes de financement et ses effets

- L'ampleur du projet impérial implique un **recours accru au crédit** et favorise de **nouvelles banques** (Crédit Lyonnais, Société Générale) qui financent les grands travaux d'aménagement.
- L'État garantit à hauteur de 3 % les **obligations** émises par les compagnies de chemin de fer, ce qui draine les fonds des grands capitalistes et l'épargne des petits investisseurs et alimente la **spéculation**.

lexique

Spéculation : opération financière reposant sur les fluctuations du marché et permettant des gains très rapides.

- L'état sanitaire de Paris, dénoncé par les hygiénistes, justifie un profond **remodelage urbain** piloté par le baron **Haussmann** (voir p. 28) : le contrôle des classes populaires s'accompagne ainsi d'**opérations de prestige**.

2 Les transformations de la société française au temps de l'industrialisation

A La grande variété des campagnes françaises

- En 1852, 27 des 35 millions de Français sont **ruraux ; la mise en réseau du territoire** favorise la **spécialisation régionale**.
- 3 millions de **prolétaires** alternent **activités agricoles et industrielles**, dans des ateliers délocalisés à la campagne.
- Les **mobilités définitives** augmentent après 1860. Les ruraux se déplacent massivement vers les espaces urbains : c'est l'**exode rural**. Ils privilégient les villes proches, et les flux vers Paris proviennent des villes moyennes.

B L'industrie, entre patronat et monde ouvrier

- Le textile, la métallurgie et la construction dominent un **monde industriel varié**. La **mécanisation, l'innovation et la consommation** augmentent la production. L'utilisation de la **vapeur** favorise la **concentration industrielle**.
- Artisans et fabricants-négociants combinent **flexibilité et qualité** grâce à leurs **ateliers**. Les **grands entrepreneurs** montent en puissance, tout en développant la **philanthropie**.
- Les **ouvriers très qualifiés** ont un salaire 3 à 5 fois supérieur aux **ouvriers du textile** et aux **mineurs**, à **80 % analphabètes**. Les femmes sont 2 à 3 fois moins payées que les hommes. De nombreux enfants travaillent malgré la loi. L'écrasante majorité vit dans la **misère**. Tous doivent avoir un livret ouvrier, sur lequel figurent leur identité et les date d'entrée et de sortie de chaque entreprise où ils ont travaillé. Ce livret sert aussi de passeport intérieur.

C La montée des revendications ouvrières

- L'essor des usines facilite celui des **sociétés de secours mutuel et coopératives**. Des **grèves courtes** permettent d'obtenir hausse de salaire et réduction du temps de travail, malgré la **répression**.
- Le 25 mai 1864, la **loi Ollivier** supprime le **délit de coalition**, dépénalisant la grève sous certaines conditions. L'Association internationale des travailleurs voit le jour à Londres, portée par la **pensée marxiste**. Les **grèves** se multiplient **en 1869 et 1870** et sont violemment **réprimées :** l'Empire a échoué à rallier les ouvriers.

Lexique

Coalition : rassemblement temporaire, destiné à organiser une réponse collective à une décision.

Marxisme : pensée politique qui fait reposer le système social sur la lutte des classes et encourage les ouvriers à renverser l'ordre économique et social capitaliste par une révolution.

La France face à la question des unités italienne et allemande

8

Lue Relue Apprise

Autant Napoléon III s'est montré favorable et actif dans l'unité italienne, autant il s'oppose à l'unité allemande, qu'il perçoit comme une menace pour l'influence de la France sur le continent.

1 Deux nations divisées politiquement

A La question des unités

- **L'Italie est morcelée politiquement** : au sud le royaume de Naples ; au centre les États pontificaux dirigés par le pape ; le nord est divisé entre plusieurs royaumes, dont certains sous domination autrichienne.
- Des **mouvements nationalistes**, comme Jeune-Italie, réclament l'unification.
- **Le même problème se pose pour les Allemands.** La question de l'unité divise ; faut-il inclure l'empire d'Autriche (Grande Allemagne) ou non (Petite Allemagne), car 75% de sa population n'est pas allemande ?

B Les échecs de 1848

- Au moment du Printemps des peuples, Charles-Albert, roi de Piémont-Sardaigne, avait échoué à **unir les Italiens**. Son fils **Victor-Emmanuel et** son premier ministre **Cavour** reprennent ce projet mais ont **besoin de soutien**.
- Au même moment, une Diète (parlement) réunissant à Francfort des représentants de tous les États allemands n'avait pu convaincre le **roi de Prusse** d'accepter une couronne de toute l'Allemagne. Mais celui-ci **veut réaliser l'unité à son profit, sur la base de la Petite Allemagne.**

2 Napoléon III soutient l'unité italienne

A Le rôle décisif de la France

- En juillet 1858, a lieu l'**entrevue de Plombières** (Vosges) **entre Napoléon III et Cavour**, qui débouche en 1859 sur le **traité de Turin** permettant en juin l'**intervention militaire de la France** aux côtés des Piémontais, battant les Autrichiens.
- **Le Piémont réunit** après plébiscites (voir p. 21) **les royaumes du Nord.**
- Mais l'**agitation nationaliste**, qui demande l'**unité de toute la péninsule**, fait céder le pape au centre, ainsi que le roi de Naples.

B Naissance d'un nouvel État

- **Victor-Emmanuel** devient **roi de toute l'Italie le 17 mars 1861** et fixe sa capitale à Turin, puis à Florence – Rome restant jusqu'en 1870 sous le contrôle du pape, avec l'accord de Napoléon III, qui veut se préserver le soutien des catholiques.
- En récompense, **la France reçoit en avril 1860 les territoires de la Savoie et de Nice**, qui acceptent leur rattachement par plébiscite.

3 Napoléon III s'oppose à l'unité allemande

A La France et l'équilibre de l'Europe

- Avec l'Italie, la France obtient un **nouvel allié** qui renforce son poids en Europe.
- Si l'unité allemande peut continuer à affaiblir l'Autriche, Napoléon III comprend en revanche que **la Petite Allemagne autour de la Prusse créerait un rival puissant** sur le continent.
- **Il s'oppose donc aux efforts du chancelier prussien Bismarck**, notamment sur la question de la succession sur le trône d'Espagne où il obtient le retrait du candidat proposé par la Prusse.
- Mais dans la fameuse « dépêche d'Ems », Napoléon III s'estime insulté par les propos de Bismarck. **La guerre est déclarée** (juillet 1870).

> **Lexique**
> **Chancelier** : chef du gouvernement.

B Une unité forgée dans la victoire sur la France

- La guerre contre la France offre l'**occasion d'unir les Allemands contre un ennemi**. Le **désastre de Sedan** (2 septembre) coûte son trône à Napoléon III, qui avait tenu, comme en Italie, à mener les troupes.
- La nouvelle déclenche la **proclamation de la IIIe République** le 4 septembre. Le nouveau gouvernement, dirigé par **Gambetta**, poursuit la guerre puis, après le siège de Paris, **capitule**. **Le 18 janvier 1871**, dans la galerie des Glaces du château de Versailles occupé, **le roi de Prusse est proclamé empereur d'une Allemagne unifiée.**

Points de passage et d'ouverture : l'Europe des nationalités

9

Lue Relue Apprise

1 Alphonse de Lamartine, de la poésie à la politique

- Né en 1790, issu de la petite noblesse, le poète Lamartine entre dans la vie politique comme **député royaliste modéré** en 1833, puis **bascule dans l'opposition** et marque la Chambre par ses **discours**.
- Le **24 février 1848**, à Paris, il **proclame la IIe République**, acclamé par la foule. Le lendemain, il annonce un « **droit au travail** » qui enthousiasme les classes populaires, et plaide avec ferveur pour la conservation du **drapeau tricolore**.
- Il **démissionne** du gouvernement le 24 juin 1848, marqué par le soulèvement populaire de juin et sa violente répression.
- **Candidat à la présidence de la République** en décembre 1848, il recueille 0,23 % des voix et quitte brutalement la vie politique.

2 George Sand, femme de lettres engagée en politique

- **Aurore Dupin**, née à Paris en 1804, se marie à 18 ans et a très vite deux enfants. En 1831, elle adopte comme **pseudonyme** le nom de George Sand.
- Portant des **pantalons** par une autorisation spéciale de travestissement, coupant ses cheveux, elle commence à écrire pour **défendre l'égalité entre les classes sociales** et protester **contre le sort fait aux femmes**.
- En 1848, George Sand collabore aux *Bulletins de la République* et crée l'éphémère journal ***La Cause du peuple***.
- Elle **refuse** catégoriquement **d'être candidate à la députation**, idée soulevée par la militante féministe Eugénie Niboyet. Meurtrie par les journées de juin 1848, elle se retire dans le Berry.

3 Les frères Pereire, entrepreneurs et hommes politiques

- Émile (1800-1875) et Isaac (1806-1880) Pereire sont nés à Bordeaux. En 1837, ils construisent la **première ligne de chemin de fer** en France, puis multiplient ensuite les **créations d'entreprises** : Compagnie de Chemin de fer du Midi, Crédit mobilier, Compagnie générale transatlantique, sociétés d'assurance.

- Ils assurent le **financement des travaux haussmanniens** par la spéculation. Toutefois, la faillite du Crédit mobilier en 1867 entraîne leur **ruine personnelle**, ainsi que celle de tous les actionnaires.
- Émile est élu **député de Gironde** de 1853 à 1875, et Isaac **député des Pyrénées-Orientales** de 1863 à 1870. « Candidats officiels » de l'empire, ils en soutiennent la politique de modernisation économique.

4 Haussmann et l'haussmannisation

- Napoléon III, convaincu que la maîtrise des épidémies dépend de la propreté de l'espace public, et désireux de contrôler une population prompte au soulèvement, décide d'opérer un **remodelage profond de l'espace urbain parisien**. Le baron Haussmann, **préfet de la Seine** en 1853, est chargé de mettre en œuvre ce projet.
- Les réalisations haussmanniennes reconfigurent Paris par la **percée d'axes structurants** et la **mise en relation des gares**. Un **vaste réseau de distribution et d'évacuation des eaux** améliore l'hygiène
- Mais la **spéculation** et les **destructions des anciens quartiers** chassent les Parisiens les plus modestes du centre de Paris.

Doc. La construction du Grand Hôtel à Paris, projet des frères Pereire

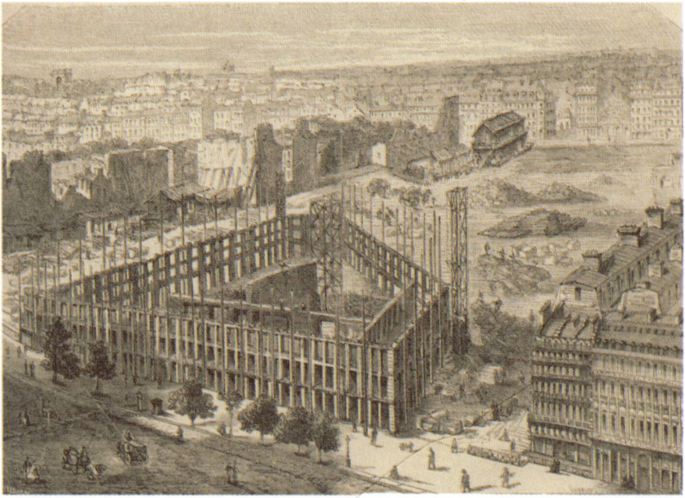

La France dans l'Europe des nationalités

Révision EXPRESS

Les points essentiels

- La révolution de février 1848 conduit à la **proclamation de la IIe République**, qui réactive les symboles de la Révolution française. Des droits fondamentaux sont reconnus, mais des **tensions multiples** enrayent le projet républicain et placent au pouvoir les conservateurs.
- Le **Second Empire** est un **régime autoritaire** où tous les pouvoirs sont concentrés entre les mains de l'empereur et les libertés fondamentales étouffées. **Napoléon III** cherche le **soutien des Français**. Le **régime s'assouplit** après 1860 mais, loin de calmer la contestation, cela l'amplifie.
- **La France se modernise.** Les **expositions universelles** valorisent les innovations. Le développement **des réseaux de communication** décloisonne le territoire et renforce le rôle pivot de Paris. L'État garantit la mobilisation de l'épargne vers les entreprises, tandis que la **spéculation** immobilière finance la recomposition urbaine à Paris.
- **La société se transforme** sous l'effet de l'**industrialisation**. La **concentration** et la **production industrielle** augmentent, ce qui alimente l'**exode rural**. Les **ouvriers** vivent dans la **misère** et sont contrôlés par le biais d'un livret. L'empereur tente d'obtenir leur soutien, en vain.
- Dans le contexte de l'**agitation des nationalités** en Europe, Napoléon III cherche à reconstruire et préserver la puissance de la France. **Favorable à l'unité italienne** à laquelle il contribue militairement (1859-1861), y gagnant la Savoie et Nice, il **s'oppose en revanche à l'unité allemande** qu'il ne peut empêcher, y perdant son trône lors d'une autre guerre (1870-1871).

Les dates-clés

24 février 1848	Proclamation de la IIe République
Décembre 1848	Louis-Napoléon Bonaparte président de la République
2 décembre 1851	Coup d'État de Louis-Napoléon Bonaparte
2 décembre 1852	Proclamation du Second Empire, Napoléon III
12 juin 1860	Annexion de la Savoie et de Nice à la France
2 septembre 1870	Défaite de Sedan
4 septembre 1870	Proclamation de la IIIe République
18 janvier 1871	Proclamation de l'empire d'Allemagne

Mémo'Quiz

Vrai ou faux ? Cochez la bonne réponse.

La difficile entrée dans l'âge démocratique

1. La révolution de 1848 a lieu en décembre.

❑ Vrai ❑ Faux

2. La IIe République réactive les symboles républicains.

❑ Vrai ❑ Faux

3. C'est sous la IIe République qu'est instauré un suffrage universel intégral.

❑ Vrai ❑ Faux

4. Napoléon III développe un régime centré sur sa personne.

❑ Vrai ❑ Faux

L'industrialisation et les transformations économiques et sociales

1. Paris est rénové sous la direction des frères Pereire.

❑ Vrai ❑ Faux

2. Sous le Second Empire, la modernisation économique touche plus les villes que les campagnes.

❑ Vrai ❑ Faux

3. La loi Ollivier (1864) dépénalise la grève.

❑ Vrai ❑ Faux

La France face à la question des unités italienne et allemande

1. En récompense de son aide dans l'unification de l'Italie, la France reçoit Nice et la Savoie.

❑ Vrai ❑ Faux

2. À partir de 1860, le royaume d'Italie est dirigé par Garibaldi.

❑ Vrai ❑ Faux

3. Napoléon III est favorable à l'unité allemande.

❑ Vrai ❑ Faux

→ Corrigés p. 95

La mise en œuvre du projet républicain

10

Lue Relue Apprise

En 1870, la République s'installe en France dans un contexte difficile et doit donc se faire accepter en instaurant ou en restaurant de grandes libertés.

1 L'affirmation progressive du projet républicain

A Une République d'abord incertaine (1870-1876)

- À l'annonce de la déroute de Sedan, **la République est proclamée à Paris le 4 septembre 1870**. La France est contrainte de signer un **armistice** le 28 janvier 1871. Des élections sont aussitôt organisées : les **monarchistes conservateurs**, partisans de la paix à tout prix, l'emportent.

Lexique

Armistice : arrêt des hostilités avant la signature de la paix.

- Les Parisiens s'opposent à la politique menée par le chef du gouvernement Adolphe Thiers, qui souhaite mettre fin au conflit. **La Commune de Paris (18 mars-28 mai 1871) souhaite réaliser des réformes sociales** : gel des loyers, éducation gratuite pour tous, séparation de l'Église et de l'État. Paris est reconquise par le gouvernement pendant la « **Semaine sanglante** » (21-28 mai 1871). Une sévère répression frappe les communards qui sont exécutés, emprisonnés ou déportés.

B Vers la victoire républicaine (1876-1879)

- **Adolphe Thiers, « chef du pouvoir exécutif », se rallie à la République**, mais doit composer avec une majorité qui lui est de plus en plus hostile. Il est remplacé en **1873** par **Patrice de Mac Mahon, favorable à la restauration monarchique**.
- Face aux divisions des monarchistes, l'Assemblée vote des **lois constitutionnelles (1875)** qui établissent un **régime parlementaire**.
- Le **sentiment républicain** progresse dans le pays : au printemps 1876, la Chambre des députés devient majoritairement républicaine et Mac Mahon démissionne en 1879, après avoir échoué à s'imposer lors de la crise du 16 mai 1877.

2 Un régime porteur de libertés fondamentales

- Le projet des « républicains de gouvernement » est d'unifier la nation autour des **valeurs et symboles de 1789.** Pour cela, la nation doit s'identifier à des symboles forts (drapeau tricolore, *Marseillaise* qui devient hymne national, 14 juillet érigé en fête nationale).

- **Jules Ferry**, ministre de l'Instruction publique, **fonde un enseignement primaire gratuit (1881), obligatoire et laïque (1882).** L'enseignement primaire devient à la portée de tous : on parle de méritocratie républicaine.

lexique

Méritocratie : progression dans l'échelle sociale grâce au mérite et non à la naissance.

- Les républicains souhaitent **garantir par des lois** ce qu'ils considèrent comme **des droits fondamentaux** dans une démocratie libérale : liberté de réunion (1881), liberté de la presse (1881) et liberté d'association (1884), qui permet de reconnaître les syndicats ouvriers.

3 Ambitions, fragilités et limites du modèle républicain

A Une République toujours menacée

- **Entre 1886 et 1899**, la République affronte plusieurs **scandales et crises politiques**. Le général **Boulanger**, ministre de la Guerre, crée un rassemblement hostile au parlementarisme républicain et menace le régime.
- L'**affaire Dreyfus** (1894-1906), du nom d'un officier juif, injustement accusé de trahison, dégradé et déporté en Guyane, **divise la France en deux camps et ébranle la République.** D'un côté, les « dreyfusards » veulent que l'on reconnaisse l'innocence du capitaine Dreyfus et réclament le triomphe de la justice et de l'égalité. De l'autre, les « antidreyfusards » refusent de reconnaître l'erreur judiciaire et sont persuadés qu'il est coupable parce que juif. Le capitaine Dreyfus est réhabilité en 1906.

B L'instauration de la laïcité et les contradictions républicaines

- **La IIIe République sort** plutôt **renforcée de ces crises**, en démontrant la solidité de ses institutions, mais on a pu observer que **ses opposants sont nombreux et structurés.**
- Émile Combes, président du Conseil interdit aux congrégations religieuses d'enseigner. Ce combat aboutit à la **loi de séparation des Églises et de l'État**, votée en décembre **1905**, garantissant la laïcité, malgré une très forte opposition des milieux catholiques.

lexique

Laïcité : neutralité de l'État par rapport aux religions.

- Mais la IIIe République maintient l'état d'**exclusion civile et politique des femmes** au sein d'un espace qui se veut pourtant démocratique. La République devient également **coloniale**, reniant ainsi nombre de ses valeurs.

Permanences et mutations de la société française

11

Lue Relue Apprise

Entre 1880 et 1914, la population française, encore largement rurale et agricole, connaît d'importantes mutations sociales, qui s'inscrivent dans un contexte d'industrialisation et de progrès techniques.

1 La France poursuit son industrialisation

- L'**industrialisation** se poursuit avec l'apparition d'un **nouveau cycle d'innovations** lié aux progrès de l'électricité et du moteur à explosion. Des **concentrations industrielles** font leur apparition, comme les **usines Schneider du Creusot** (voir p. 38).
- Les **expositions universelles** organisées à Paris en 1889 et en 1900 portent au triomphe ces progrès techniques, et mettent en scène une **marche vers le progrès**. Elles font étalage des richesses produites par les industries françaises, dans le contexte d'une compétition économique entre les nations européennes.

Lexique

Concentration industrielle : concentration sur un site industriel de l'ensemble des processus de fabrication d'un produit, qui a pour conséquence d'agrandir le site et d'augmenter le nombre d'ouvriers.

- L'essor important de la grande industrie entraîne une **augmentation du nombre d'ouvriers**. En 1914, les ouvriers représentent 31 % de la population active.
- La croissance de la population est précocement ralentie. La France fait donc appel à une **main-d'œuvre d'origine étrangère**. Elle devient ainsi le **premier pays d'immigration** en Europe. À la fin du XIXe siècle, ces étrangers viennent des **pays frontaliers**, notamment de Belgique et d'Italie (nationalité la plus nombreuse à partir de 1891).

2 Les paysans face à la modernisation

A Une France encore rurale

- La paysannerie commence son lent recul après 1850, mais **la ruralité reste prédominante** jusqu'en 1914 et l'**agriculture** se maintient comme l'activité principale : 38,5 % des français travaillent encore dans l'agriculture en 1914.
- La France reste un pays de **petits paysans**. La plupart d'entre eux gèrent encore des exploitations de taille modeste fondées sur la polyculture. Cette agriculture de subsistance contraint les agriculteurs à rechercher un revenu de complément en exerçant une autre activité. Ce sont des **paysans ouvriers**.

B La modernisation des campagnes et l'exode rural

- Si l'outillage et les méthodes de travail restent dans l'ensemble traditionnels, la **mécanisation** et les innovations se répandent dans les campagnes, particulièrement après 1890.
- De plus en plus d'agriculteurs appliquent les **nouvelles méthodes de culture** (jachère et rotation des terres), utilisent les **engrais** ou investissent dans des **machines agricoles**.
- Cette lente mécanisation réduit le nombre de paysans nécessaires pour le travail agricole et accélère le mouvement d'**exode rural**. Le manque de travail et la misère des paysans participent à ce mouvement d'**émigration vers la ville**, pourvoyeuse de nouveaux emplois ouvriers.

3 Des populations marginalisées

A Des ouvriers en attente d'une République sociale

- La pénibilité et la dangerosité du travail, la mortalité précoce et l'absence de protection sociale, poussent les ouvriers à faire usage de la **grève** pour se faire entendre. Ils sont soutenus par les **syndicats**, autorisés depuis 1884.
- Ces grèves sont réprimées par les forces armées, comme à **Fourmies en 1891** (voir p. 38).

Lexique

Grève : action collective consistant en une cessation du travail par les salariés d'une entreprise.

Syndicat : association qui défend les intérêts professionnels et les droits des travailleurs.

B Des femmes actives qui peinent à être reconnues

- Entre 1870 et 1906, le **travail des femmes** augmente de 30 %, et on compte de plus en plus d'ouvrières.
- Elles sont **deux fois moins payées** que les hommes et elles ne peuvent disposer librement de leurs revenus qu'à partir de 1907.
- Quelques **rares lois** visent à améliorer leurs conditions de travail. En 1900, leurs journées de travail sont limitées à 10h ; en 1909, elles obtiennent un congé de maternité de quatre semaines.

C Les immigrés, victimes de xénophobie

- Le nombre d'incidents contre les étrangers augmente dès la fin du XIXe siècle. La **xénophobie** (haine de l'étranger) touche les Italiens, mais aussi les Belges, dans le Nord et le Bassin parisien. **Moins payés**, ils apparaissent comme une main-d'œuvre concurrente.
- Ce **rejet de l'étranger** se traduit par des injures, des protestations orales, des pétitions, mais aussi par de violentes bagarres. En 1893, la **tuerie d'Aigues-Mortes** fait huit morts et plusieurs dizaines de blessés.

Métropole et colonies

12

Lue Relue Apprise

Au cours du XIXᵉ siècle, la France se constitue un empire colonial en Afrique et en Asie, arguant de la diffusion de la civilisation et du progrès. La réalité d'une colonisation inégalitaire suscite des résistances.

1 Le deuxième plus grand empire colonial

A Les conquêtes coloniales de la France

- **Dès les années 1830, la France fait la conquête de l'Algérie**, conquête longue et violente face à la résistance de l'émir Abdelkader qui est vaincu en 1847. L'Algérie est **intégrée au territoire national** par la création de trois départements.
- Sous la IIIᵉ République, un **parti colonial** (groupe d'influence composé des acteurs favorables à la colonisation : militaires, marchands, **missionnaires**...) soutient les explorations en Afrique (Brazza) et les expéditions en Asie (Indochine).

lexique

Missionnaire : religieux propageant sa foi.

- Cela ne va pas sans **tensions avec les autres puissances**, notamment avec les Anglais (incident de Fachoda sur le Nil, en 1898).

B L'organisation de l'empire

- La France se retrouve à la tête du **deuxième plus grand empire colonial**, derrière l'Angleterre, avec 10 millions de km² et 70 millions d'« **indigènes** » sous son contrôle.
- On y distingue les **colonies**, sous administration directe de la **métropole**, et les **protectorats**, où la souveraineté locale est encadrée par un **gouverneur** français – qui a la réalité du pouvoir.

lexique

Indigènes : populations locales colonisées.

Métropole : État colonisateur.

2 Les contradictions de la colonisation française

A La « mission civilisatrice »

- La colonisation est d'abord affaire de rayonnement politique et économique. Mais en France, elle se double d'un **idéal lié aux valeurs de la Révolution** portées par la République.
- Jules Ferry parle à l'Assemblée du « **devoir des civilisations supérieures envers les civilisations inférieures** », devoir d'apporter les **progrès** philosophiques (Lumières) et techniques.

- La France mène dans son empire une **politique d'assimilation** des indigènes, visant à les intégrer à la culture du colonisateur, en effaçant la culture d'origine.

B Une réalité coloniale violente

- Sur le terrain, la colonisation est un **processus violent et inégalitaire**. Les colons, sûrs de leur « supériorité », imposent leur domination, politique et économique, par la force, y compris militaire.
- Un **Code de l'indigénat**, voté dans les années 1880, place les peuples colonisés dans des **statuts juridiques inférieurs**, les privant des droits pourtant promis par la mission civilisatrice.
- Une véritable **ségrégation** est mise en place dans les relations sociales et dans l'espace urbain colonial. **L'effort d'éducation est très limité** ; l'effort sanitaire ne commence réellement qu'après la Première Guerre mondiale.

> **Lexique**
> **Ségrégation** : séparation des populations.

3 Des relations déséquilibrées

A Un « pillage » colonial ?

- La métropole attend des colonies **des ressources et des débouchés pour sa production industrielle.** Mines et grandes plantations sont exploitées au profit de la France, par les colons et, souvent, par le travail forcé des indigènes.
- Les **aménagements** (ports, chemins de fer) sont destinés à cette exploitation coloniale.

B Des résistances à la colonisation

- Les conquêtes coloniales rencontrent des **résistances**, vite dépassées par la supériorité technique militaire des colonisateurs.
- Violence, inégalités et contradictions du projet colonial suscitent un **discours nationaliste de contestation** de la colonisation, porté par des journaux et des mouvements politiques.
- Ce nationalisme **réclame surtout des droits et de l'autonomie,** pas encore l'indépendance.
- L'**opinion publique en métropole** se sent peu concernée par la colonisation, mais s'y montre **favorable,** par fierté patriotique. L'opposition à la colonisation y est très minoritaire.

La IIIe République avant 1914 Points de passage et d'ouverture

13

Lue Relue Apprise

1 Les obsèques de Victor Hugo, le 1er juin 1885

- Lorsque Victor Hugo meurt le **22 mai 1885**, la Chambre des députés décide d'organiser des **funérailles nationales** au célèbre poète et écrivain.
- **Soutien actif du régime républicain**, Victor Hugo était devenu une personnalité incontournable.
- **La cérémonie du 1er juin est grandiose** : le cercueil est exposé toute une nuit sous l'Arc de Triomphe, voilé de noir pour l'occasion, et un cortège de plus de deux millions de personnes suit le corbillard jusqu'au Panthéon.

2 Louise Michel pendant la Commune de Paris (1871)

- **Née en 1830** en Haute-Marne, Louise Michel, enfant de père inconnu, devient **institutrice en 1852** et part ensuite pour **Paris** où elle **ouvre deux écoles**. Elle découvre les idées socialistes et révolutionnaires, qui vont beaucoup l'influencer.
- **En 1870**, alors que la famine menace la population parisienne pendant le siège prussien, **elle crée une cantine** pour ses élèves et s'engage dans différents comités révolutionnaires.
- À partir du 18 mars 1871, elle participe activement à l'expérience de la Commune de Paris. Pendant cette période, **elle s'engage dans la Garde nationale**, devenant propagandiste, ambulancière et même animatrice du « Club de la Révolution », qui s'occupe d'enseignement et d'éducation.
- **Elle se bat sur les barricades pendant la semaine sanglante** (21-28 mai 1871), mais passe en décembre 1871 devant un conseil de guerre qui la contraint à la **déportation** en Nouvelle-Calédonie.

3 La loi de séparation des Églises et de l'État (1905)

- **Promulguée le 9 décembre 1905**, la loi de séparation des Églises et de l'État est l'aboutissement d'un long **processus de laïcisation et de sécularisation de l'État** et de la société française, engagé à partir de la Révolution de 1789. La France devient ainsi un État laïque.
- Le **débat** s'engage **à la Chambre** le 21 mars 1905. Il oppose vivement ceux qui défendent le **Concordat** à ceux qui sont **partisans de la laïcité**.

- La nouvelle loi proclame en premier lieu la **liberté de conscience**, la **liberté d'exercice du culte** et la **non-discrimination entre les religions**. L'État se veut désormais neutre et tous les cultes sont traités de manière égale.

4 La fusillade de Fourmies (1er mai 1891)

- Fourmies est une **petite cité industrielle textile** du nord de la France. Dans le contexte de la **récession économique**, ses ouvriers ont vu leurs salaires baisser et ont dû accepter des périodes de chômage partiel.
- **Le 1er mai 1891, ils se mobilisent** massivement pour protester **contre cette paupérisation**. Mais, conformément aux directives de l'Internationale ouvrière, la grève du 1er mai fait aussi partie des différents moyens déclinés **dans le but d'obtenir la journée de huit heures**.
- Le **patronat**, qui menace les ouvriers grévistes de licenciement, obtient du préfet qu'il mobilise des **troupes de maintien de l'ordre**. Elles interviennent à la demande du maire de la ville et sous la pression du patronat pour **réprimer** la manifestation. Le bilan est lourd : neuf manifestants sont tués, une cinquantaine sont blessés.
- Cet événement marque pour longtemps l'**histoire des classes populaires**.

5 Le Creusot et la famille Schneider

- En 1836, la **famille Schneider** rachète une **entreprise métallurgique** dans le village du **Creusot**. En peu de temps, émerge une immense **concentration industrielle**, l'un des premiers centres de sidérurgie et de métallurgie, la plus grande **ville-usine** de France.
- Les Schneider ont une **vision paternaliste** de leur relation avec les ouvriers. Ils considèrent que, en l'absence de protection sociale de l'État, le patron devient responsable du bien-être de ses ouvriers.
- Ils mettent à disposition de leurs ouvriers des **infrastructures collectives** (écoles, hôpital), un **système de protection sociale** (caisse de secours, système de retraites par épargne). Des casernes sont mises en place pour loger les ouvriers, puis des **cités ouvrières** avec petits jardins individuels.
- La famille Schneider est ainsi **omniprésente** dans la vie des ouvriers, qui dépendent de leurs patrons de leur naissance à leur mort. Cela lui donne aussi les **moyens de contrôler et stabiliser** la population ouvrière.

La IIIe République avant 1914

Révision EXPRESS

Les points essentiels

- **Née en 1870** d'une défaite, la IIIe République est très **incertaine** à ses débuts. En **1875**, les **lois constitutionnelles** confirment l'aspect républicain du régime.
- Pour s'affirmer, la République adopte différents **symboles et commémorations**. Les lois apportent aux Français des **droits** et des **libertés**, socles du « pacte républicain ».
- À partir de **1905**, la **République** se définit comme **laïque**.
- La République rencontre cependant de **solides oppositions** et affronte des **crises** qui la fragilisent en apparence, mais la confortent sur le long terme.
- La France reste longtemps un **pays rural**, où la petite exploitation domine. Les plus fragiles quittent les campagnes dans un mouvement d'**exode rural**.
- Le pays poursuit son processus d'**industrialisation** qui favorise le développement de grandes usines.
- La République a du mal à intégrer **certaines catégories de population**, tels que les ouvriers, les femmes et les étrangers.
- La **colonisation** apparaît à la France comme un moyen d'accroître sa puissance. La France se taille alors le **deuxième plus grand empire colonial**.
- La République coloniale prétend apporter la civilisation aux « indigènes » et justifie un **système colonial inégalitaire**.

Les dates-clés

1830	Expédition d'Alger
4 septembre 1870	Proclamation de la IIIe République
1875	Vote des lois constitutionnelles
1881	Mise en place du Code de l'indigénat en Algérie
1884	Autorisation des syndicats
1891	Fusillade de Fourmies
1894-1906	Crise de l'affaire Dreyfus
1898	Incident de Fachoda
1905	Loi de séparation des Églises et de l'État

Mémo'Quiz

Cochez la ou les bonne(s) réponse(s).

La IIIe République avant 1914

1. La IIIe République a d'abord été dominée par :
❏ les républicains. ❏ les monarchistes. ❏ les bonapartistes.

2. L'école laïque, gratuite et obligatoire est créée en :
❏ 1905. ❏ 1870. ❏ 1881-1882.

3. Les républicains contrôlent les institutions de la République à partir de :
❏ 1879. ❏ 1900. ❏ 1875.

4. Quelle loi a été votée aux débuts de la IIIe République ?
❏ suffrage universel masculin ❏ loi sur le divorce
❏ abaissement de la majorité à 18 ans

La France poursuit son industrialisation

1. La loi autorisant les syndicats est votée en :
❏ 1884. ❏ 1872. ❏ 1900.

2. Quelle famille dirige les usines métallurgiques du Creusot ?
❏ Wendel ❏ Schneider ❏ Peugeot

3. Dans quelle ville une grève a-t-elle été réprimée avec violence en 1891 ?
❏ Fourmies ❏ Carmaux ❏ Saint-Étienne

Métropole et colonies

1. Dans quelle colonie trois départements sont-ils créés en 1848 ?
❏ Algérie ❏ Martinique ❏ Madagascar

2. Quelle est la taille de l'empire colonial français en 1914 ?
❏ 38 millions de km² ❏ 1 million de km² ❏ 10 millions de km²

3. Les conquêtes coloniales françaises se sont déroulées :
❏ pacifiquement. ❏ avec de fortes résistances.
❏ avec une seule révolte en Algérie en 1840.

→ **Corrigés p. 95**

Un embrasement mondial et ses grandes étapes

14

Lue Relue Apprise

Les tensions du continent européen dégénèrent en 1914 en une guerre qui touche toute la planète et, durant quatre années, connaît plusieurs phases.

1 Les causes de la guerre

A Les tensions du continent européen

- Les causes des tensions sont multiples : **concurrences** économique et commerciale, qui se traduisent aussi sur le terrain **colonial** ; agitation des **nationalités** qui contestent les frontières ; **jeu d'influence** entre les grandes puissances.
- En 1914, deux grandes **alliances** s'opposent : la **Triple Entente**, composée de la France, du Royaume-Uni, de la Russie et de leurs alliés ; la Triple alliance ou **Triplice**, autour de l'Allemagne et de l'Autriche-Hongrie, avec lesquelles l'Italie (et d'autres) sont alliés.
- L'**attentat de Sarajevo** (28 juin 1914) met le feu aux poudres : une affaire austro-serbe (l'assassinat de l'archiduc d'Autriche à Sarajevo par des nationalistes serbes) déclenche le **jeu des alliances** : début août, l'Europe est en guerre.

B L'extension du conflit

- La planète se retrouve impliquée dans le conflit tout d'abord par la **mobilisation des empires coloniaux** : matières premières, main-d'œuvre, troupes coloniales, occupation des colonies allemandes.
- Des **États extra-européens** participent aux alliances : du côté de l'Allemagne, l'Empire ottoman ; du côté de l'Entente, la Chine, le Japon et surtout, **à partir de 1917, les États-Unis**.

2 Les phases de la guerre

A Une première phase de guerre de mouvement

- En 1914, les deux camps s'affrontent dans une guerre de mouvement. Les **batailles de Tannenberg** (août) **et de la Marne** (septembre) voient d'un côté les Allemands repousser une invasion russe à l'est, de l'autre les Français bloquer une invasion allemande, qui menaçait de prendre Paris, à l'ouest.

Lexique

Guerre de mouvement : stratégie offensive nécessitant le déplacement des troupes à l'assaut de l'ennemi.

- À la fin de l'année, aucun camp ne semble pouvoir l'emporter dans une bataille décisive. **Les deux lignes de front se stabilisent**, la France est occupée au nord.

B Une longue phase de guerre de position

- Les belligérants (personnes et États en guerre) adoptent des **stratégies défensives** : des **tranchées** sont creusées tout le long du front pour y stationner les troupes devant bloquer toute avancée de l'ennemi. Des **assauts** sont toutefois lancés depuis les tranchées pour percer le front.

> **lexique**
>
> **Tranchées** : ouvrages défensifs, fossés creusés à même le sol où stationnent des troupes pour faire barrage à l'ennemi.

- Ainsi, en 1916, les **batailles de Verdun** (assaut allemand bloqué par les Français) **et de la Somme** (assaut britannique bloqué par les Allemands) sont des échecs (700 000 morts pour ces deux batailles).
- Pour prendre un avantage décisif, les **armes nouvelles** se multiplient (grenades, mitrailleuses, chars, avions...).
- En 1915, les Britanniques avaient tenté, en vain, de débarquer dans le **détroit des Dardanelles** pour ouvrir un nouveau front contre l'Empire ottoman.

C La reprise de la guerre de mouvement

- Avec les **révolutions russes de 1917**, qui voient les **bolchéviques** prendre le pouvoir en octobre et arrêter la participation de la Russie à la guerre, le **front de l'ouest** devient le front principal.
- La **guerre de mouvement** reprend : « **bataille de l'empereur** » de mars-avril 1918 (offensive allemande), puis contre-offensive franco-américano-britannique, qui repousse l'armée allemande.

> **lexique**
>
> **Bolchéviques** : révolutionnaires communistes russes, partisans de Lénine.
>
> **Armistice** : cessation des combats.

- Entrée en révolution et menacée d'invasion, l'Allemagne préfère demander l'**armistice**, signé le **11 novembre 1918** à Rethondes.

Les sociétés en guerre : des civils acteurs et victimes de la guerre 15

Lue Relue Apprise

La Première Guerre mondiale, qui a mobilisé tous les secteurs de la société, fut qualifiée de guerre totale.

1 Une économie mise au service de la guerre

A La mise en place d'une économie de guerre

- La Première Guerre mondiale est une **guerre de la Révolution industrielle**, utilisant les capacités industrielles des belligérants. Les usines fournissent des munitions et des armes en quantité.
- **Sciences et techniques** sont mobilisées pour innover et fournir de nouvelles armes, chaque camp en disposant et rétablissant l'équilibre. La **médecine** est aussi impliquée, pour faire face aux blessures : radiologie (voir p. 47), chirurgie des amputés et des « **gueules cassées** », surnom donné aux blessés défigurés).
- Enfin, **la mobilisation est financière** : emprunts aux banques, aux autres États (dont les États-Unis), aux civils.

B Des conditions de vie difficiles

- Les civils doivent faire face à des **restrictions** et à des **pénuries**. Un **marché noir** apparaît, le coût de la vie augmente. L'Allemagne, soumise à un blocus de ses ennemis empêchant le ravitaillement du pays en marchandises, est durement touchée.

> **lexique**
>
> **Marché noir** : opérations commerciales illicites permettant de se procurer, à un prix souvent élevé, des denrées difficiles à trouver.

- Le **pillage des ressources dans les zones occupées** est aussi pratiqué, rendant la vie encore plus difficile pour les civils de ces régions (par exemple, dans le nord de la France).

2 La mobilisation des ressources humaines

A Les civils, « soldats de l'arrière »

- **Les civils participent**, dès 1914, **à l'effort de guerre** de différentes manières : au travail, par l'emprunt, etc.
- **Les femmes, en particulier, jouent un rôle considérable.** Elles remplacent aux champs ou à l'usine les hommes partis combattre. Elles peuvent aussi être présentes sur le front : infirmières, (rares) femmes soldats.
- Leur implication relance le **débat sur leur accès à la citoyenneté**, accordée à la sortie de la guerre en Allemagne, partiellement au Royaume-Uni – le Sénat bloquant cette réforme en France.

B Le « bourrage de crâne »

- La mobilisation des civils passe aussi par une **propagande intensive**, accompagnée de **censure** (limitant la publication d'informations). Elle vise à soutenir l'**effort de guerre**, qui se révèle particulièrement long et douloureux (9 millions de morts au total et de nombreuses destructions dans les secteurs de combat).
- La guerre est assez peu idéologique : elle est surtout **patriotique**. On se bat pour la civilisation contre le « Barbare » ou pour des frontières (la France aspire à récupérer l'Alsace-Moselle perdue en 1871).

lexique

Propagande : utilisation des moyens de communication (presse, affiches, etc.) pour propager des idées.

3 Les civils victimes : le cas du génocide arménien

- Pour différentes raisons (proximité du front, bombardements, etc.), les civils peuvent parfois être **victimes de la guerre**.
- Le cas des **Arméniens** est spécifique. Population chrétienne à cheval sur la frontière russo-turque, elle est accusée par le gouvernement ottoman de trahison et de soutien à l'ennemi russe.
- En avril 1915, ce gouvernement planifie des **opérations de « nettoyage »** des régions arméniennes pour sécuriser sa frontière.
- L'évacuation des Arméniens de leurs villes et villages est encadrée par la gendarmerie et l'armée turques. Dès les points de départ, ont lieu **massacres et viols**.
- Les Arméniens sont conduits à marche forcée vers le sud de l'Empire, puis abandonnés dans des **camps de concentration** en plein désert syrien.
- On estime à environ un million le nombre de morts, soit les **2/3 de la population arménienne** de l'Empire ottoman. Bilan, planification et volonté de faire disparaître les Arméniens permettent de qualifier ce massacre de **génocide**.

lexique

Génocide : extermination volontaire et organisée d'une population en raison de son identité propre.

point de passage

Le **24 mai 1915**, la Triple Entente rédige une **déclaration** dénonçant les massacres d'Arméniens et affirmant qu'elle tiendra « personnellement responsables des dits crimes tous les membres du gouvernement ottoman ».

La tentative de construction d'un ordre des nations démocratique 16

Lue Relue Apprise

À la sortie de la guerre, les vainqueurs tentent de mettre en place un nouvel ordre mondial fondé sur la démocratie et préservant la paix.

1 Organiser la paix

A Des traités issus de la Conférence de Paris

- Après l'armistice, les vainqueurs organisent une **conférence de la paix à Paris**. Des **traités** sont signés, souvent imposés aux vaincus, malgré les efforts du président américain Wilson pour imposer des principes démocratiques.
- Le **traité de Versailles (28 juin 1919)** règle le cas de l'Allemagne, qui le considère comme un « diktat » humiliant : réduction du territoire, de l'armée, lourdes réparations à payer...
- Au nom du droit des peuples à disposer d'eux-mêmes, les **grands empires** (Autriche-Hongrie, Empire ottoman) sont **démantelés** au profit des vainqueurs, qui créent de **nouveaux États** (Pologne, Tchécoslovaquie...).

lexique

Traité : texte juridique de droit international passé entre plusieurs États et réglant leurs relations et décisions communes.

B La SdN, une utopie ?

- Parmi les « 14 points » présentés comme objectifs de guerre et principes de paix par Wilson, celui-ci préconisait la création d'une **organisation diplomatique internationale** destinée à gérer et empêcher les conflits.
- Une **Société des Nations (SdN)**, basée à Genève, est ainsi créée. Mais les États-Unis n'y adhèrent finalement pas, et elle est dominée par les vainqueurs, incapables d'empêcher la montée des tensions dans les années 1930.

point de passage

Pour les **réfugiés apatrides** (qui ont perdu leur nationalité : Russes, Arméniens, Grecs...) la SdN crée, en 1922, le **« passeport Nansen »**, du nom de l'explorateur et diplomate norvégien en charge de la question des réfugiés.

C Un continent encore agité

- La guerre ne s'arrête pas complètement en 1918. La **Russie** est plongée dans une **guerre civile** jusqu'en 1922, les vainqueurs soutenant les anti-bolchéviques.
- La **Turquie** de M. Kemal, fondateur d'une nouvelle République, mène des opérations qui repoussent les étroites frontières prévues par les traités.
- Des **points de tensions** existent encore sur certaines frontières – en particulier celles de l'Allemagne, coupée en deux par le **corridor de Dantzig** donné à la Pologne comme accès à la mer (Doc.).

Doc. **La nouvelle Europe après les traités de paix**

2 Des sociétés durablement marquées

- Dès la sortie de la guerre, commencent les commémorations. Des monuments aux morts sont construits, les cimetières militaires ponctuent les paysages des régions de combat, des cérémonies mettent en valeur un **« soldat inconnu »** (voir p. 48).
- Nombre d'artistes, écrivains et intellectuels sont inspirés par la guerre. Mais les **« Années Folles »** qui suivent, marquées par une ambiance festive et débridée, symbolisent la **volonté de rupture**. Le pacifisme traverse des sociétés traumatisées.

Lexique

Pacifisme : courant littéraire et politique prônant la paix, les moyens de la maintenir et la suppression de la guerre.

- Le **souvenir de 1914-1918** a souvent été réinvoqué : image de sauveur du maréchal Pétain en 1940 (« le vainqueur de Verdun »), réconciliation franco-allemande après 1945...
- La guerre tout de suite a été un **objet d'étude pour les historiens,** se consacrant à l'histoire militaire avant de s'intéresser à la façon dont les sociétés l'avaient vécue (place des femmes, etc.).

Points de passage et d'ouverture : la Première Guerre mondiale

17

Lue Relue Apprise

1 Marie Curie, la science au service de la guerre ?

- Si les **sciences et les techniques** ont été mobilisées pour mener la guerre, en particulier pour des innovations dans l'armement, elles ont aussi contribué à faire **progresser la médecine**.
- Née Maria Sklodowska dans la partie russe de la Pologne, Marie Curie, avec l'aide de son mari Pierre, a largement contribué aux **découvertes sur la radioactivité** au tournant des XIXe et XXe siècles, ce qui lui a valu deux prix Nobel (de physique en 1903 et de chimie en 1911).
- En 1914, elle décide de mettre ses connaissances au service de la médecine de guerre. Accompagnée de sa fille Irène, elle achemine d'elle-même du matériel qui permet d'effectuer des **images radiologiques** des blessures dues aux balles, aux obus, pour mieux soigner les soldats dans les hôpitaux du front. Elle forme également des techniciennes, met sur pied et assure la maintenance de deux cents postes fixes de radiologie, ainsi que vingt unités mobiles embarquées dans des camions.
- **On estime à un million le nombre de soldats ayant bénéficié de ces techniques**, dont mille examinés directement par elle.

2 Les grèves de l'année 1917

- À l'arrière, **les conditions de travail sont difficiles** : les besoins militaires obligent à accélérer les cadences et allonger la durée du temps de travail. Les ouvriers qualifiés manquent et les armées rechignent à les libérer du front. La durée du conflit épuise aussi les travailleurs.
- En France, on fait appel à la **main-d'œuvre coloniale et étrangère** (Espagnols...) et, partout, aux **femmes**.
- Si la mobilisation patriotique permet un temps de supporter le rythme, l'année 1917 est marquée dans les deux camps par des **mouvements de grèves** (Doc.) importants, ainsi que de **mutineries** de soldats sur le front.

> **Lexique**
> **Mutinerie** : refus de partir au combat.

- Cette agitation sociale commence en Russie au début de l'année et se poursuit en Allemagne ou en Autriche au printemps. La France n'est pas épargnée. La **révolution russe** est **source d'inspiration** pour de nombreux mouvements politiques et syndicaux, notamment à gauche.
- Les **gouvernements négocient** pour ne pas interrompre le ravitaillement des armées : la législation sociale progresse, les salaires augmentent.

Doc. **La grève des « midinettes » (couturières) à Paris en mai 1917**

3 Le soldat inconnu

- En France, les autorités décident de **commémorer symboliquement le sacrifice de la Nation** à travers la figure d'un combattant, symbolisant le citoyen-soldat, et choisissent pour cela un **soldat anonyme**.
- Le projet naît dès 1916 au sein de l'association *Le Souvenir français*. D'abord destiné au Panthéon, les associations d'anciens combattants obtiennent un **enterrement du soldat sous l'Arc de Triomphe** à Paris.
- Un **projet de loi** déposé le 12 novembre 1919 par Georges Clémenceau est finalement voté le 8 novembre 1920, après de nombreuses polémiques – notamment parce que les Anglais ont su plus vite organiser une cérémonie similaire à Westminster, pour le 11 novembre 1920.
- Le 10 novembre, un jeune caporal, et pupille de la Nation, Auguste Thin, est désigné pour **choisir parmi huit cercueils**, venus de différents secteurs du front et réunis à Verdun, celui qui ira à Paris.
- Le lendemain, le « **soldat inconnu** » reçoit l'**hommage de la Nation** au Panthéon, avant d'être conduit sur un canon sous l'Arc de Triomphe et d'être inhumé le 28 janvier 1921, le temps d'y préparer la tombe.

La Première Guerre mondiale

Révision EXPRESS

Les points essentiels

- La Première Guerre mondiale est causée par des **tensions** multiples qui opposent les États et les peuples en Europe. Elle est déclenchée par l'**attentat de Sarajevo** le 28 juin 1914. Le **jeu des alliances** met ensuite aux prises pratiquement tous les États et leurs empires coloniaux, rejoints progressivement par des alliés extra-européens (États-Unis en 1917).
- Après une première **phase de mouvement**, les troupes s'installent dans les **tranchées**, avant que les offensives ne reprennent en 1918, jusqu'à l'**armistice** demandé par l'Allemagne et signé le 11 novembre.
- La Première Guerre mondiale est une guerre de l'ère **industrielle** : elle mobilise les masses et les capacités de production. Toute la société est impliquée dans l'effort de guerre : les soldats au front, les civils à l'arrière.
- Si l'essentiel des **9 millions de morts** de la guerre est lié aux combats sur le front, certains civils ont aussi perdu la vie : le **génocide des Arméniens** est à compter au bilan de 1914-1918.
- Après guerre, les vainqueurs mettent sur pied un **nouvel ordre international** qui combine les principes démocratiques portés par Wilson et la volonté de faire payer les vaincus. Les **traités de paix** réorganisent les frontières, et créent la **SdN**, fragile organisation de maintien de la paix.
- Les sociétés restent durablement marquées par cette expérience de la guerre, dans leur vécu et leurs **mémoires individuelles et collectives**.

Les dates-clés

28 juin 1914	Attentat de Sarajevo
Août-septembre 1914	Batailles de Tannenberg et de la Marne
1915	Opération des Dardanelles
Avril 1915	Début du génocide arménien
1916	Batailles de la Somme et de Verdun
1917	Mouvements de grèves en Europe Révolutions russes
Avril 1917	Entrée en guerre des États-Unis
Mars 1918	Dernière offensive allemande
11 novembre 1918	Armistice avec l'Allemagne
28 juin 1919	Traité de Versailles

Mémo'Quiz

Cochez la ou les bonne(s) réponse(s).

Un embrasement mondial et ses grandes étapes

1. La Première Guerre mondiale est provoquée par un conflit :

❑ germano-russe. ❑ austro-serbe. ❑ franco-allemand.

2. La construction de tranchées est caractéristique de :

❑ la guerre de mouvement. ❑ la guerre de position. ❑ la guerre totale.

3. Les États-Unis entrent en guerre en :

❑ juin 1914. ❑ avril 1915. ❑ avril 1917.

Des civils acteurs et victimes de la guerre

1. Les femmes sont appelées à remplacer les hommes partis au front :

❑ dans les champs. ❑ dans les usines. ❑ dans les services.

2. Le « bourrage de crâne » désigne :

❑ une nouvelle arme « boche ».
❑ la propagande permanente.
❑ la censure.

3. Le génocide arménien est perpétré par :

❑ les Ottomans. ❑ les Allemands. ❑ les Russes.

La tentative de construction d'un ordre des nations démocratique

1. Le traité qui règle le cas de l'Allemagne vaincue est le traité de :

❑ Paris. ❑ Versailles. ❑ Berlin.

2. L'organisation internationale qui est chargée du maintien de la paix après 1919 s'appelle :

❑ l'ONU. ❑ l'OMC. ❑ la SdN.

→ **Corrigés p. 95**

Les villes à l'échelle mondiale 18

Lue Relue Apprise

En 2018, la population citadine dans le monde est estimée à 4 milliards, soit plus de 55 % de la population. Partout, les villes, qui sont des regroupements importants de populations et d'activités socio-économiques, connaissent un essor.

1 Urbanisation et métropolisation à l'échelle mondiale

A L'urbanisation

- La population mondiale augmente rapidement, et cette **croissance** s'accompagne d'un **exode rural** et d'une **concentration** des populations dans les villes.
- La croissance et les formes prises par l'urbanisation sont telles qu'il a fallu en reconsidérer la définition, puisque le seul critère quantitatif (seuil d'habitants) n'avait plus aucun sens. Aujourd'hui, on préfère donc parler d'« **aires urbaines** ».
- L'urbanisation varie énormément d'un continent à l'autre. En effet, la **moyenne** mondiale **de 55 % d'urbains** masque des **écarts** entre par exemple un continent nord-américain urbanisé à près de 82 % et un continent africain urbanisé à seulement 43 %.

B La métropolisation

- La **métropole** est un **pôle** majeur doté de la quasi-totalité des fonctions urbaines de haut niveau, constituant un pôle **décisionnel** et de **commandement** déterminant.
- La **métropolisation** est un processus mondial de **concentration** croissante de populations et d'activités dans les métropoles. Plus que l'étendue ou le poids démographique d'une ville, ce sont les **fonctions de commandement** qui permettent de caractériser une métropole.

Lexique

Métropolisation : processus de concentration des populations, des activités et des fonctions de commandement dans les métropoles.

2 Organisation d'une métropole et diversité des paysages urbains

A Les fonctions métropolitaines

- La métropolisation est devenue indispensable pour une **insertion réussie dans la mondialisation** puisqu'elle permet une concentration des fonctions de commandement qui assure l'**attractivité** de la métropole.

- La métropolisation est entretenue par des **mobilités** sans cesse plus intenses, structurées par des **réseaux de transports** variés.
- La **diversité** des activités ainsi que leur concentration au sein du territoire urbain assurent à la métropole son **dynamisme** et son **attractivité**.

B Des paysages urbains caractéristiques

- D'une manière générale, la **croissance urbaine** et son étalement se doublent d'une **spécialisation** des espaces (industriel, résidentiel...). Les **centres-villes** se distinguent par leurs quartiers d'affaires, leurs représentations politique, administrative ou culturelle, et par la faible présence des espaces industriels consommateurs de place. Le paysage urbain offre alors la vision de quartiers anciens, souvent en cours de rénovation, côtoyant la verticalité des nouvelles constructions.
- Dans les métropoles du Nord, la **ségrégation socio-spatiale** est moins marquée que dans les métropoles du Sud, où les gratte-ciel jouxtent des bidonvilles. La **périphérie** est marquée par des quartiers résidentiels qui se développent au milieu des zones industrielles et commerciales.
- Les **fonctions métropolitaines** s'observent aussi dans le **paysage** urbain par des bâtiments caractéristiques au-delà du centre d'affaires, tels que des lieux culturels (théâtres, opéras, musées, salles d'expositions...) ou des centres de recherches et des universités prestigieuses.

Doc. Le processus de métropolisation

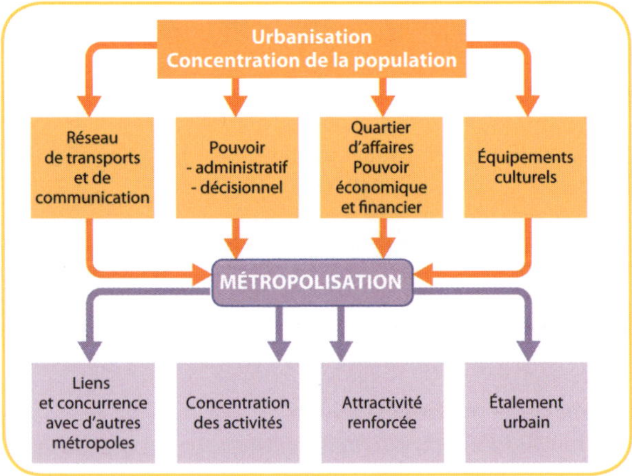

Des métropoles inégales et en mutation

19

Lue Relue Apprise

Très diverses, les métropoles sont aussi inégalement attractives. Le processus de métropolisation opère ainsi une recomposition des territoires à toutes les échelles.

1 Le poids des métropoles à différentes échelles

A À l'échelle mondiale

● Les **métropoles mondiales** sont les principales **interfaces** de la mondialisation. Cette dernière favorise les très grandes métropoles des pays les plus développés, dont certaines, **villes mondiales** au sommet de la hiérarchie, concentrent les activités de **commandement** à l'échelle mondiale.

● Les trois premiers exemples de villes mondiales ont été **New York**, **Londres** et **Tokyo** : elles sont situées dans les pays du **Nord**. Plus tard, les critères utilisés ont permis de dessiner un réseau élargi de villes mondiales, de plus en plus dans des pays du **Sud**. Aujourd'hui, de nombreuses métropoles du Sud peuvent concourir au titre de villes mondiales, relais de la mondialisation.

B Des métropoles aux mégapoles

● L'échelon supérieur de la métropole est la **mégapole** ou *megacity*. Ce sont des villes géantes (d'après l'ONU, agglomérations supérieures à 10 millions d'habitants).

● La **répartition** des mégapoles est **inégale** : elles sont plus nombreuses en Amérique du Nord et en Europe qu'en Afrique ou en Asie de L'Est. Dans les pays en développement, ces mégapoles connaissent une **urbanisation incontrôlée**.

● Dans certaines régions de pays développés, la **concentration de métropoles** interconnectées aboutit à la formation de **mégalopoles** qui reflètent la hiérarchie des États et leur domination économique.

● À l'échelle mondiale, il existe **trois mégalopoles majeures** : la Mégalopolis étatsunienne, la mégalopole japonaise, qui s'étend de Tokyo à Fukuoka, et la dorsale européenne qui s'étend du bassin de Londres à l'Italie du Nord. D'autres mégalopoles se constituent en Californie, mais aussi en Amérique du Sud entre Rio de Janeiro au Brésil et Buenos Aires en Argentine.

Lexique

Mégalopole : ensembles urbains reliés fonctionnellement (réseaux de transports, communications). La mégalopole se distingue d'une conurbation par ses dimensions spatiales et son poids démographique.

C Les métropoles nationales

- À l'échelle nationale, dans les pays du **Nord**, comme en Europe du Nord-Ouest, les processus d'urbanisation et de métropolisation sont anciens et le **tissu** des métropoles est **dense et structuré**. En revanche, dans les métropoles du **Sud**, les **réseaux urbains** sont fortement **déséquilibrés** en faveur de la **métropole capitale** : on parle alors de **macrocéphalie** urbaine.

2 La recomposition des territoires intra-métropolitains

A Les nouvelles centralités

- Le modèle d'organisation de la ville n'est plus aujourd'hui **radioconcentrique** (organisation en cercles, du centre-ville à la périphérie) et les **centralités** ou les **périphéries** peuvent se présenter **partout**.
- La tendance est à l'é**talement urbain**, qui fait qu'entre les centres et les franges les plus externes des villes, des distances considérables s'instaurent. De ce fait, les activités et les espaces résidentiels se desserrent **vers la périphérie** et certains **espaces intra-métropolitains se spécialisent**.
- De nouvelles « **centralités périphériques** » apparaissent. Dans les périphéries, les ***edges cities*** ou **technopôles** produisent des formes urbaines typiques.

B Des contrastes socio-spatiaux accentués

- La métropolisation a accentué la **spécialisation des centres-villes** et on y assiste à des opérations de **gentrification**.
- La métropolisation accentue aussi la **ségrégation** au sein des espaces intra-urbains. Alors qu'aux États-Unis, les populations défavorisées logent dans le **ghetto central** en cours de gentrification, en Europe, elles sont reléguées dans des quartiers de **grands ensembles** de banlieue. Dans les pays du Sud, la ségrégation socio-spatiale est plus forte encore.

Lexique

Edge city : pôle d'emploi périphérique spécialisé dans l'industrie de l'information, le high tech et les surfaces commerciales. Il regroupe des immeubles récents dans des parcs d'activités.

Gentrification : anglicisme (de *gentry*, « petite noblesse ») qui désigne le processus de transformation du profil économique et social d'un quartier urbain ancien au profit d'une classe sociale supérieure.

La France : la métropolisation et ses effets 20

Lue Relue Apprise

En France, la métropolisation a contribué à accentuer la primauté de Paris et a restructuré l'armature du réseau urbain.

1 La métropolisation en France

A Le poids de Paris

- **Paris**, dont l'aire urbaine atteint près de **13 millions d'habitants**, est une **ville mondiale** qui exerce des fonctions de commandement à l'échelle planétaire dans les domaines économique, politique, diplomatique et touristique.
- À l'échelle du pays, le processus de métropolisation a renforcé le **poids de la capitale**. Aujourd'hui, son aire urbaine regroupe **19 % de la population** nationale sur 2,4 % du territoire et réalise **32 % du PIB national**. On parle de **macrocéphalie** du réseau urbain (Doc.).

B L'affirmation des grandes métropoles

- Les autres grandes métropoles françaises sont **dynamiques** et en **croissance forte**, surtout les métropoles du croissant périphérique **au sud et à l'ouest** de la France.
- Cependant, si le **poids** de ces métropoles régionales s'affirme **sur le territoire national**, il reste **encore très limité face aux rivales européennes** telles que Milan, Barcelone ou Francfort.

C Les dynamiques des villes petites et moyennes

- En France, on parle de « **petite ville** » lorsque celle-ci comprend entre 3 000 et 20 000 habitants. Au-delà, de 30 000 à 200 000 habitants, on parle de « **ville moyenne** ».
- On distingue trois profils de villes moyennes, dont l'évolution est différente. Tout d'abord, les **villes moyennes proches d'une métropole**, ensuite celles à dominante **industrielle**, et enfin celles à forte dimension **administrative**.
- Dans les villes petites et moyennes, les **centres-villes se dévitalisent**, souvent face au développement des **espaces périurbains** en périphérie. Le **cadre de vie** est alors la carte maîtresse pour se maintenir dans l'armature urbaine.

2 La métropolisation dans les DROM

A Une métropolisation forte

- Le **taux d'urbanisation** atteint 89 à 98 % dans les DROM. Cette forte urbanisation de la population se double d'une **forte métropolisation**.
- Dans les aires métropolitaines des DROM, les **fonctions administratives et tertiaires** sont surreprésentées. Elles connaissent des **difficultés** spécifiques : fort taux de chômage, immigration clandestine forte à Mayotte et en Guyane, d'où la présence de **quartiers spontanés** dans les villes.

lexique

DROM (département et région d'outre-mer) : statut administratif dont bénéficient cinq territoires, français (la Guadeloupe, la Guyane, la Martinique, Mayotte et La Réunion).

B Des spécificités marquées

- Les métropoles sont **littorales** pour la plupart et les **activités économiques** qui s'y concentrent sont **vitales** pour l'ensemble des territoires.
- Les métropoles d'outre-mer sont soumises à des **risques naturels** importants (volcanisme, cyclones...). Plus qu'en métropole, l'extension des aires urbaines pose des **problèmes environnementaux** (destruction des zones humides protégées notamment).

Doc. La métropolisation en France

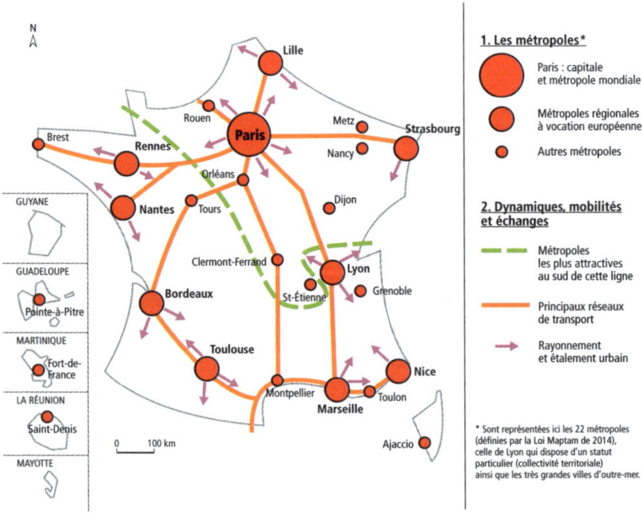

La métropolisation Études de cas (1)

21

Lue Relue Apprise

1 La métropolisation au Brésil : dynamiques et contrastes

A Croissance de la population et métropolisation

- Depuis 1960, la population brésilienne a été **multipliée par près de trois**. Cette croissance forte s'est ralentie depuis 2000 mais, en 2018, **87 % des Brésiliens** sont urbains.
- Le processus de **métropolisation** est très important au Brésil : en 2018, **40 %** des Brésiliens vivent dans une agglomération de **plus d'un million** de résidents.
- La métropolisation est aussi **majoritairement littorale**, puisque le **peuplement** du Brésil s'est effectué par le littoral **vers l'intérieur**.

A Les dynamiques de métropolisation

- La métropolisation au Brésil est le reflet de la **puissance du pays**.
- **São Paulo** (plus de 12 millions d'habitants) est la capitale économique et financière du pays. **Rio de Janeiro**, ancienne capitale, et **Brasilia**, capitale administrative du pays, mais aussi **Porto Alegre**, capitale de l'altermondialisme, constituent un vrai **réseau** de métropoles insérées dans la **mondialisation**.
- Ces métropoles ont des **dynamiques différentes**. Les **mégacités** São Paulo et Rio de Janeiro voient leur croissance ralentir, alors que les **capitales d'États**, dont les agglomérations atteignent entre 2,5 et 4 millions d'habitants restent très dynamiques.

Lexique

Altermondialisme : mouvement qui vise à montrer qu'un autre monde est possible, en dénonçant la recherche effrénée du profit et la montée des inégalités. Il rassemble des courants très différents, recourant à des moyens d'actions diversifiés, de la pétition à l'action violente.

C Des contrastes socio-spatiaux

- Au sein des métropoles, et selon leur taille, les **contrastes** sont plus ou moins violents **entre les quartiers aisés et les favelas** (bidonvilles). Dans ces quartiers aux habitations construites illégalement à partir de matériaux de récupération, les populations vivent en symbiose avec la ville en dur qui fournit du travail.
- De nouveaux **quartiers intermédiaires** habités par les classes moyennes et supérieures apparaissent. Ce sont, comme les ***gated communities*** américaines, des quartiers socialement homogènes et fermés.

2 Londres, métropole de rang mondial

A Une ville mondiale attractive

- Lorsqu'en 1991, la sociologue Saskia Sassen théorise le concept de *global city* (ou ville mondiale), seule Londres en Europe correspond à la définition. Le **Grand Londres** compte aujourd'hui **8,6 millions** d'habitants, tandis que l'**aire urbaine** en compte, en 2018, près de **15 millions**.
- Londres est l'une des principales **places financières** du monde et la première d'Europe, installée dans le quartier d'affaires de la City. La ville crée **23 % de la richesse** nationale
- Les **aménagements** récents (quartier des Docklands, la tour Shards, la plus haute d'Europe), les cinq **aéroports** internationaux ou la ligne à grande vitesse du **tunnel sous la Manche** rendent cette métropole très **attractive** (Doc.).

B Une ville mondiale contrastée

- L'attractivité londonienne a son revers : une forte **ségrégation socio-spatiale**. Londres est la deuxième ville la plus chère au monde. Les classes moyennes, les familles et même les populations qualifiées la désertent.
- Le vote en faveur du **Brexit** en 2016 menace également la place financière britannique, puisque nombre de firmes et de banques envisagent de déménager leurs antennes sur le continent.

Doc. L'organisation d'une ville mondiale, Londres

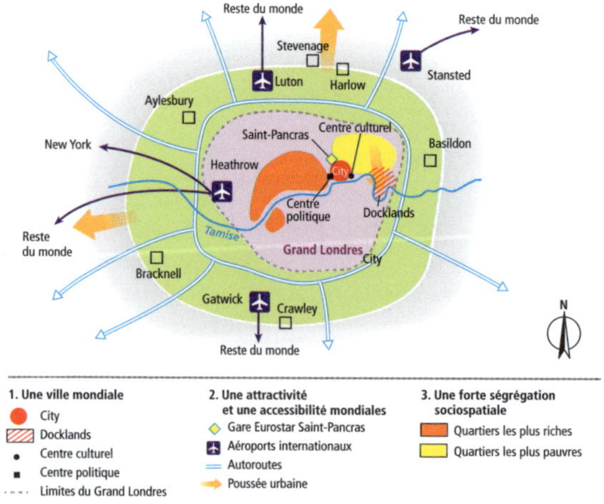

La métropolisation Études de cas (2)

22

Lue Relue Apprise

1 La mégalopole du nord-est des États-Unis : des synergies métropolitaines

A La Mégalopolis, une mégalopole

- Le nord-est des États Unis – la **Mégalopolis** américaine – de Boston à Washington (BosWash) et son arrière-pays composent la **mégalopole atlantique**. Sur près de 800 km, celle-ci concentre plus de **50 millions d'habitants**, soit 15 % de la population des États-Unis.
- L'ensemble urbain ainsi désigné est composé de **vastes métropoles à la gestion autonome**, peuplées et très étendues, qui sont reliées entre elles par un puissant **réseau de communication**. L'espace urbain n'y est cependant pas continu, puisqu'il est entrecoupé par des **espaces naturels** forestiers nombreux.

B Le cœur de la puissance des États-Unis

- La mégalopole américaine contribue pour **un cinquième des richesses** du pays. Ses bourses de valeur réalisent plus des **deux tiers des transactions mondiales**.
- Elle concentre une bonne part de la **puissance économique et culturelle** des États-Unis, mais aussi son pouvoir **politique**, ce qui lui assure un **rayonnement mondial**.

C Des métropoles complémentaires

- **New York** est le cœur de la mégalopolis. Sa puissance économique et financière en fait une **ville globale**. La mégapole opère un processus de **concentration d'activités** prestigieuses et internationalisées.
- Les autres métropoles sont **complémentaires** de New York : **Washington** est la capitale politique et militaire ; **Boston** accueille l'université prestigieuse de Harvard et le MIT ; **Baltimore**, ancienne métropole industrielle en déclin, a su opérer une mutation radicale, notamment grâce à une rénovation urbaine et culturelle.

2 Mumbai : une métropole fragmentée

A Mumbai, une métropole puissante

- Mumbai compte **24 millions d'habitants** en 2018. Autrefois capitale industrielle spécialisée dans le textile et la chimie, elle est aujourd'hui le **centre économique** de l'Union indienne. Elle est également le **premier port** du pays, la **capitale financière** et la capitale **des services**.

B Un espace urbain très fragmenté

- **Dharavi**, deuxième plus grand **bidonville** (ou *slum*) du monde, est peuplé de plus d'un million de personnes. Grâce à cette main-d'œuvre abondante et bon marché, il a su développer son potentiel économique, mais sa localisation **empêche l'extension des quartiers d'affaires** vers le nord de la ville (Doc.). Le gouvernement cherche donc à chasser ses habitants.
- Les pouvoirs publics engagent par ailleurs l'aménagement de **nouvelles infrastructures de transport** pour mieux relier les différents espaces entre eux et décongestionner le centre-ville : nouveaux port, aéroport, pont...

C Une ségrégation sociale très forte

- Mumbai est sans doute la métropole aux **plus fortes inégalités au monde**. Les **bidonvilles** occupent le moindre interstice d'espace dans le centre-ville, jouxtant littéralement les quartiers riches.
- Les projets de modernisation visent à réduire ces inégalités et construire des logements décents, car la question de la **surdensité** reste un problème majeur.

Doc. L'organisation spatiale du grand Mumbai

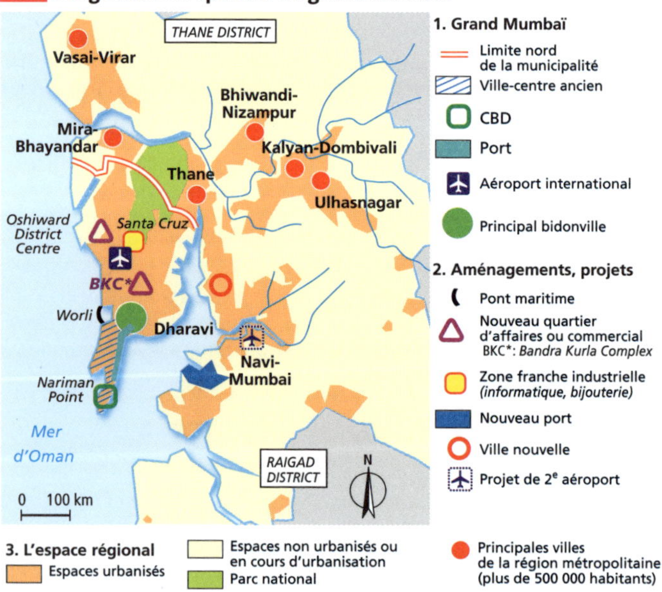

La métropolisation : un processus mondial différencié

Révision EXPRESS

Les points essentiels

- **La population urbaine dans le monde augmente rapidement** chaque année. Le phénomène touche les mégapoles comme les petites villes.
- La **diversité** de ces métropoles justifie leur **inégale influence** à l'échelle régionale, nationale, voire internationale.
- La **métropolisation** est un processus qui renforce le poids des territoires urbains les plus dynamiques.
- Les métropoles présentent **une organisation et des paysages spécifiques**. L'organisation des métropoles est entretenue par des **mobilités** sans cesse renouvelées. D'une manière générale, la croissance urbaine et son étalement se doublent d'une **spécialisation** des espaces (industriel, résidentiel, quartier d'affaires...).
- Le paysage urbain offre la vision de **quartiers anciens des centres-villes**, souvent en cours de rénovation, côtoyant la verticalité de **nouvelles constructions**. Dans les métropoles du Sud, la **ségrégation socio-spatiale** est beaucoup plus marquée et les gratte-ciel jouxtent bien souvent les bidonvilles.
- La métropolisation en **France** présente toutes ces caractéristiques. On observe cependant un **réseau urbain macrocéphalique en faveur de Paris** et une métropolisation qui profite essentiellement aux métropoles des **périphéries dynamiques**. Les villes petites et moyennes tentent de résister à l'attractivité des métropoles de rang supérieur.

Les chiffres-clés

- En 2018, la population urbaine dans le monde s'élève à **4,2 milliards** (elle s'élevait à 751 millions en 1950).
- Les régions les plus urbanisées sont l'**Amérique du Nord (82 %)** l'Amérique latine et les Caraïbes (81 %) et l'Europe (74 %). Les régions les moins urbanisées sont l'**Afrique (43 %)** et l'Asie (49 %).
- À l'échelle mondiale, le **taux d'urbanisation** est de **55 %**.
- **Un citadin sur huit vit dans 33 mégapoles** de plus de 10 millions d'habitants (ces mégapoles devraient être au nombre de 43 d'ici 2030).
- En France, **80 %** de la population vit dans une **aire urbaine** en 2018. **23 %** de la population française vit dans une agglomération de **plus d'un million d'habitants**.

Mémo'Quiz

Vrai ou faux ? Cochez la bonne réponse.

Les villes à l'échelle mondiale

1. La part de la population mondiale qui est urbaine est d'environ 55 %.

❑ Vrai ❑ Faux

2. Le processus de métropolisation consiste en un étalement urbain.

❑ Vrai ❑ Faux

3. Une métropole qui concentre des fonctions de commandement à l'échelle mondiale se nomme une ville générale.

❑ Vrai ❑ Faux

Des métropoles inégales et en mutation

1. Une mégalopole est une ville géante peuplée de plus de 10 millions d'habitants.

❑ Vrai ❑ Faux

2. La gentrification désigne le processus de transformation du profil économique et social d'un quartier urbain ancien au profit d'une classe sociale supérieure.

❑ Vrai ❑ Faux

Études de cas

1. Le terme de *favela* utilisé au Brésil a son équivalent de *slum* dans le monde anglo-saxon.

❑ Vrai ❑ Faux

2. Le réseau urbain français est macrocéphale.

❑ Vrai ❑ Faux

3. Les DROM sont des territoires faiblement urbanisés.

❑ Vrai ❑ Faux

→ Corrigés p. 95

Les espaces de production dans le monde

23

Lue Relue Apprise

La mondialisation conduit les acteurs spatiaux à recomposer la localisation de leurs activités.

1 Des facteurs de localisation variés

A Qu'est-ce qu'un facteur de localisation d'une activité ?

- Un **facteur de localisation** est un phénomène (attractif ou répulsif, contraint ou choisi) déterminant la localisation d'une activité. La **variabilité** des facteurs **dans l'espace ou dans le temps** induit des **dynamiques diverses**, certains sites étant en expansion, d'autre en déclin ou en reconversion.
- Au sens large, les géographes parlent d'**aménités** pour évoquer les atouts d'un lieu. Il peut s'agir du climat, des paysages, du cadre de vie.

B Connexion et accessibilité au cœur des dynamiques de localisation des activités

- Le **processus de production** est divisé en étapes formant une **chaîne de valeurs**. Conception et innovation, production, assemblage, distribution et marketing appellent leurs propres facteurs de localisation à l'échelle mondiale : c'est la **division internationale du travail** (DIT).

Lexique

DIT/chaîne de valeur : ensemble des étapes par lesquelles une entreprise conduit son activité. Ces étapes sont réparties sur des territoires différents.

- La **production en « juste-à-temps »** (JAT) est aujourd'hui essentielle. Les stocks, coûteux et risqués, sont remplacés par un **approvisionnement en flux tendu**, au plus près des besoins du site d'assemblage final.
- Le JAT repose sur l'**accessibilité des lieux de production**. La circulation des pièces détachées et leur assemblage final impliquent l'utilisation de **réseaux de transport** performants.
- Le **conteneur** joue dans ce contexte un rôle essentiel. Standardisé et sécurisé, il a bouleversé l'organisation mondiale de la production.
- Enfin, le développement des **réseaux numériques** et du *cloud* rendent possible la production ou le traitement de données dans n'importe quel lieu connecté.

2 Les firmes transnationales et la mise en concurrence des territoires

A Les FTN encouragent les délocalisations

- Les FTN **déplacent** de plus en plus **une partie de leur chaîne de valeur** (le plus souvent, production et assemblage) dans un lieu qui les avantage.
- Les raisons peuvent être **spatiales** (accessibilité), **sociales** (législation favorable aux employeurs) ou **fiscales** (absence totale ou partielle d'impôts ou subventions à l'emploi).

lexique

Firme transnationale (FTN) : grande entreprise qui intervient sur le marché mondial et utilise les disparités entre les territoires à son profit.

B Externalisation et sous-traitance

- Elles peuvent en plus **déléguer** une partie de leur activité **à une entreprise tierce**, pour une durée ponctuelle (**sous-traitance**) ou plus durable (**externalisation**). Une cascade de sous-traitants peut dissimuler la responsabilité de la FTN donneuse d'ordre.
- Les FTN privilégient de plus en plus l'exploitation d'**aires d'échelle régionale** pour organiser leur chaîne de valeur.

C Les territoires, entre accompagnement et résistance aux FTN

- La **concurrence entre les territoires** – États, régions, métropoles – est de plus en plus forte pour attirer ou garder les activités productives.
- Les territoires peuvent **améliorer leur attractivité** en construisant des réseaux ou des **équipements publics**. La disparité de moyens accentue la **hiérarchisation** entre les territoires.
- Ils peuvent jouer sur leurs avantages comparatifs en réduisant leur fiscalité ou leur législation, ce qui favorise l'essor de zones franches. Certains États deviennent des « paradis fiscaux ».
- À toutes les échelles, les territoires **se privent ainsi de moyens fiscaux** indispensables à l'exercice de leurs missions, notamment auprès des plus fragiles.

lexique

Avantage comparatif : avantage par lequel un territoire attire une activité.

Zone franche : zone bénéficiant d'avantages fiscaux et/ou réglementaires.

Paradis fiscal : territoire qui applique une politique favorable aux capitaux (fiscalité faible, non-coopération internationale...).

Métropolisation et littoralisation des espaces productifs

24

Lue Relue Apprise

La recomposition des espaces productifs accroît l'importance des métropoles et des littoraux et augmente les flux.

1 Le renforcement des métropoles

A Le rôle des réseaux

- La mise en œuvre de la DIT et le principe du JAT favorisent les **métropoles** qui disposent de **hubs**, ports ou aéroports opérant des **correspondances** entre toutes les destinations.
- Les métropoles jouent ainsi le rôle de **tête de réseaux** dans les différents systèmes de transport et de communication. Leur population et leur niveau de vie supérieur assurent aux opérateurs de transport et de communication un **seuil de rentabilité** indispensable.

lexique

Hub : point central pour la collecte, le tri, le transbordement et la redistribution des marchandises dans une zone géographique donnée.

Réseau : ensemble des relations connectant des acteurs et/ou des territoires.

- Les métropoles sont donc **connectées entre elles**. Les plus importantes forment l'**archipel métropolitain mondial**. Cette mise en réseau favorise la **concentration** des acteurs et des activités productives, notamment dans le secteur des services.

B Des effets de synergie entre les acteurs spatiaux

- Les métropoles concentrent les **activités métropolitaines**, c'est-à-dire les fonctions de conception, de direction et d'expertise. L'**interaction entre les acteurs** favorise la **productivité** et intensifie les **compétences**.
- Universités et laboratoires de recherche trouvent dans les métropoles les **synergies** nécessaires à la production et à la diffusion de tous les savoirs.
- Les métropoles profitent de la présence de **services culturels spécialisés** – théâtres, musées, salles de concert. Les « **créatifs** » dynamisent les villes en assurant les **fonctions d'innovation.**

2 Le rôle croissant des interfaces

A La littoralisation des activités

- Le JAT et la mise en place des **chaînes de valeur régionales et mondiales** avantagent les **zones industrialo-portuaires** (ZIP), associant usines et entrepôts, pour fabriquer et exporter des biens de consommation planétaires.

lexique

Zone Industrialo-portuaire (ZIP) : zone combinant infrastructures portuaires et activités de production industrielle.

● La littoralisation repose sur le développement des espaces portuaires. L'aménagement d'infrastructures dédiées devient un **levier majeur d'intégration à la mondialisation** ; les ports sont en concurrence.

Lexique

Littoralisation : processus de concentration des hommes et des activités sur les littoraux.

B Les dynamiques des interfaces transfrontalières

● Les **interfaces** sont des **zones de contact** entre deux territoires.

● La disparition des droits de douane et le développement des réseaux de transport ont permis l'**augmentation des flux de part et d'autre des frontières** : les acteurs économiques exploitent les discontinuités fiscales et économiques à leur profit.

● Lorsque les échanges s'intensifient, on parle d'**espace transfrontalier**. Les circulations sont alors durables, structurées. Des traits communs se développent de part et d'autre de la frontière, où se créent des **villes-jumelles**.

3 L'augmentation des échanges

A L'essor considérable des flux de marchandises

● Les **échanges de marchandises** représentent **un quart du PIB mondial**. Un tiers de la production de biens et de services est échangée, majoritairement entre les trois aires de puissance – Amérique du Nord, Europe de l'Ouest, Asie de l'Est.

● **Dix pays** assurent **la moitié des exportations** de marchandises.

B La hausse des flux immatériels

● **Flux financiers** et **flux d'information** empruntent un vaste **réseau de câbles sous-marins**, par lesquels circule 99 % des communications intercontinentales. Parmi les dix premiers exportateurs de services numériques, se trouvent l'Inde et les Philippines.

● Les **flux de capitaux** licites ou illicites circulent dans un **espace financier international** fonctionnant en permanence grâce à un **réseau de communication sécurisé** entre les grandes places financières (New York, Londres, Tokyo, Francfort, Paris).

● Selon le FMI, la **valeur des IDE a augmenté de 40 %** entre 2005 et 2015, pour atteindre 1 800 milliards de dollars par an. Un quart gagne les paradis fiscaux, dont les actifs financiers atteindraient 17 000 milliards de dollars !

Lexique

Investissement direct étranger (IDE) : investissement réalisé par une entreprise dans un autre pays, pour y racheter une autre entreprise ou développer une filiale.

Les systèmes productifs en France

25

Lue Relue Apprise

Les territoires productifs français se recomposent avec la mondialisation.

1 Mondialisation et recomposition des systèmes productifs

A La mondialisation bouleverse la localisation des activités

- Qu'il s'agisse d'industrie ou de service, les **activités de commandement** se concentrent dans les **espaces métropolitains**, tandis que les **tâches de production ou d'exécution** se déplacent dans des lieux plus favorables ou plus attractifs, comme les **périphéries urbaines**. Cela relève du choix d'acteurs spatiaux.
- Alors que l'industrie occupait 40 % des actifs en 1968, cette part est tombée à 17 % en 2015. Pourtant, les produits industriels représentent encore 75 % des exportations françaises : **l'industrie s'est transformée et spécialisée**.

B La « désindustrialisation » du territoire en question

- La **géographie industrielle** de la France est marquée par des **inerties** fortes, qui tiennent aux **héritages spatiaux**, mais aussi au **processus de soutien à la reconversion** industrielle, porté par les pouvoirs publics.
- Des « pôles de compétitivité » sont nés en 2004, pour soutenir, autour d'un secteur et d'un territoire, la **mise en réseau d'entreprises**, petites ou grandes, **avec des unités d'enseignement supérieur et de R&D**. L'État offre des avantages fiscaux et un soutien à l'emploi aux entreprises rejoignant un pôle.

Lexique

Pôle de compétitivité : regroupement et mise en relation, sur un territoire donné, d'entreprises et d'unités de recherche autour d'un projet commun subventionné par l'État.

2 Métropolisation et littoralisation du système productif

A Les métropoles concentrent les emplois

- Les **aires urbaines** regroupent **43 % de la population** et **46 % des emplois** en France. Le nombre d'emplois y augmente actuellement de 1,4 % par an, contre 0,8 % sur l'ensemble du territoire.

- Les métropoles bénéficient des **gains de proximité et de connexion** à toutes les échelles. 70 % des emplois dans les aires urbaines correspondent à des fonctions métropolitaines.
- À l'intérieur des aires urbaines, les **universités** se déplacent **en périphérie**, comme à Marne-la-Vallée ou Villeneuve-d'Ascq.

B Le redéploiement des activités recompose le territoire

- Les **ports** offrent des **espaces privilégiés**, avec les **ZIP** (voir p. 65), comme celle du Havre, consacrée à la pétrochimie, ou celle de Dunkerque pour la sidérurgie.
- Les **contraintes naturelles** restent déterminantes pour le **tourisme littoral** ou de **montagne**. Quant au **tourisme patrimonial**, il est essentiellement **urbain**.
- Enfin, la **tertiarisation des activités** favorise les **métropoles dotées des meilleures aménités**, telles les métropoles de l'ouest et du sud, bénéficiant d'un cadre de vie favorable – mer ou océan, et/ou ensoleillement –, comme Bordeaux, Nantes ou Montpellier.

3 Des systèmes productifs connectés à toutes les échelles

A Le rôle des valorisations locales

- Les **clusters** reposent sur la **complémentarité** entre les acteurs. Des **réseaux de PME** combinent sous-traitance et spécialisation, et forment un **milieu innovateur à l'échelle locale** (Plastics Vallée, autour d'Oyonnax, par exemple).
- Les **liens entre R&D et université** favorisent le dynamisme des **technopôles**. Les interactions entre les cadres métropolitains accélèrent l'innovation.

lexique

Cluster : territoire innovant grâce aux synergies entre entreprises et universités.

Technopôle : territoire concentrant des activités de haute technologie (industries de pointe, laboratoires de recherche et universités).

B L'intégration à l'échelle européenne et mondiale

- La France est **l'un des principaux émetteurs et récepteurs d'IDE**, commandés depuis les sièges des FTN. C'est donc **depuis les métropoles et entre métropoles** que se tissent les liens entre l'économie française et le reste du monde.
- Toutefois, la **délocalisation des activités de production** s'est accrue à partir des années 1990, et la relocalisation est encore rare.

Espaces et acteurs de la production – Études de cas (1)

26

Lue Relue Apprise

1 Les espaces des industries aéronautique et aérospatiale en Europe

A Airbus : une entreprise européenne

- Airbus est né d'une **alliance entre des firmes européennes** pour produire des avions capables de **concurrencer les appareils étatsuniens.** Aujourd'hui, les **États** français, allemand, britannique et espagnol détiennent **25 % de l'entreprise**.
- Airbus orchestre une **production en réseau** : Bristol s'est spécialisé dans la conception et la production des ailes, Hambourg dans la production de l'habillage interne des avions ou l'usinage des pièces spéciales.

B Toulouse, tête de pont d'Airbus en Europe

- À **Toulouse-Blagnac**, sur 700 ha, **23 000 salariés** assurent à la fois les fonctions de direction, commercialisation, étude, assemblage et test des avions avant leur livraison.
- Les équipementiers y livrent **au plus près des besoins** les pièces de chaque avion. Ces **firmes-pivots** d'Airbus assurent l'innovation et le suivi des pièces et systèmes informatiques. Si beaucoup ont leurs usines à Blagnac, elles **délocalisent** de plus en plus leur production au Maghreb ou en Asie.

Doc. La chaîne de production de l'Airbus A350

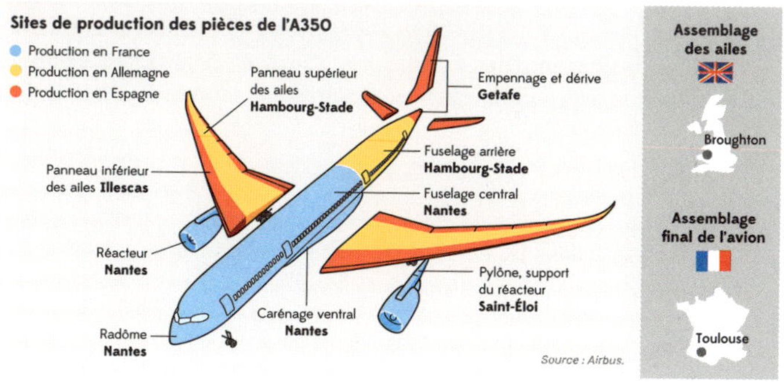

Source : Airbus.

2 Les investissements chinois en Afrique

A L'Afrique, objet de convoitise pour la puissance mondiale chinoise

- L'exceptionnel **développement économique** de la Chine a considérablement accru ses **besoins en matières premières**. L'Afrique, riche en ressources – hydrocarbures, minerais, bois, terres agricoles – est donc devenue un enjeu majeur pour l'économie chinoise.
- Les échanges Chine-Afrique ont bondi de 10 à 200 milliards de dollars entre 2000 et 2013. La Chine est désormais le **1er partenaire commercial** du continent africain.
- **10 000 entreprises chinoises** sont présentes en Afrique. Un tiers investit dans le secteur manufacturier, un quart dans les services, et un cinquième respectivement dans le commerce et la construction.

B Une présence chinoise aux effets discutés

- Des capitaux chinois ont permis la construction de nombreuses **infrastructures de transport** – autoroutes, chemins de fer, ports et aéroports – indispensables à l'**insertion dans l'espace mondialisé**, mais **sans transfert de technologie**.
- Des entreprises chinoises délocalisent en Afrique l'assemblage de bien manufacturés, notamment dans le secteur de la confection, pour économiser davantage sur les **coûts de main-d'œuvre**.
- Les investissements chinois ont **accentué les déséquilibres territoriaux** africains entre villes et campagnes, littoraux et espaces intérieurs.
- Certains **projets inutiles** (autoroutes et ponts déserts par exemple) grèvent les finances d'États fragiles, au détriment d'investissements dans la santé ou l'éducation.

Espaces et acteurs de la production – Études de cas (2)

27

Lue Relue Apprise

1 La Silicon Valley : un espace productif intégré de l'échelle locale à l'échelle mondiale

A Un technopôle spécialisé dans les nouvelles technologies

- Née en **1939 en Californie**, la Silicon Valley regroupe plus de 700 **entreprises et unités de recherche spécialisées dans la high tech**, et, depuis 10 ans, dans les biotechnologies et les énergies renouvelables.
- **Deux universités**, Stanford et Berkeley, forment la main-d'œuvre spécialisée, assurent la R&D, et encouragent leurs étudiants à fonder leurs entreprises.

B Un espace intégré aux échelles nationales et mondiales

- Les **niveaux de salaire**, les **perspectives** professionnelles et les **effets de synergie** attirent les meilleurs professionnels mondiaux, et la Silicon Valley est devenue 1er pôle mondial pour les emplois de la high tech. Le chômage n'y dépasse pas 5 %.
- Certaines entreprises y conçoivent des produits dont la réalisation repose sur une **chaîne de valeur mondialisée**, comme Tesla ou HP.
- D'autres ont inventé des services dont les usages se sont **massifiés et mondialisés**, comme Facebook ou Google.

C Un territoire confronté à des défis majeurs

- La Silicon Valley est **concurrencée** par la Virginie et le Texas, mais aussi par Tokyo, Singapour ou Bangalore.
- Ce territoire innovant souffre par ailleurs de **très fortes inégalités internes**, et l'environnement y est durablement **pollué**.

2 Singapour : l'articulation de la finance, de la production et des flux

A Une cité-État qui joue le rôle de hub

- Singapour est un **archipel** de 700 km² et 5 millions d'habitants, qui marque l'entrée du **détroit de Malacca**, l'un des principaux **points de passage stratégiques** pour les navires mondiaux.
- Son **port** est un gigantesque **hub** (voir p. 65) **maritime** et le 2e port mondial pour les **conteneurs**. Des aménagements successifs permettent de stocker les conteneurs sur des **polders**.

B Un lieu de production en mutation

- Singapour s'est d'abord spécialisée dans le **raffinage pétrolier**, puis la **construction et réparation navales**, et enfin l'électronique de pointe, l'aéronautique et les biotechnologies.
- 3e **place financière** d'Asie, la cité-État rassure par sa **stabilité**. Elle s'est lancée dans le **tourisme du jeu**, développant depuis 10 ans des casinos sur l'île de Sentosa. Le gouvernement gère enfin un **fonds souverain** de 175 milliards de dollars, Temasek.

Doc. Singapour : l'articulation de la finance, de la production et des flux

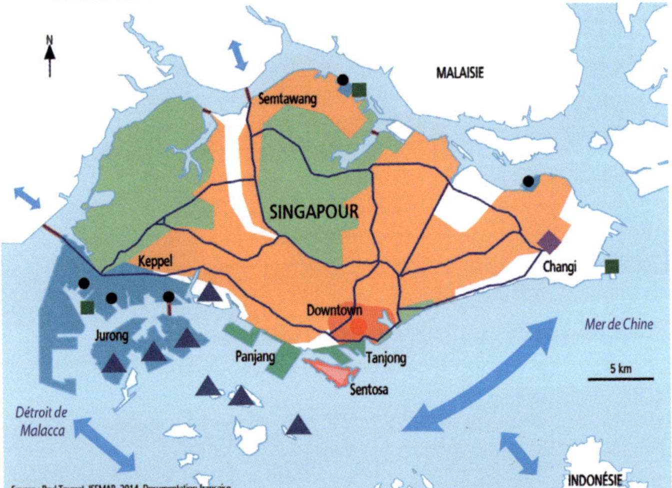

Source : Paul Tourret, ISEMAR, 2014. Documentation française

1. Une cité-état entre Asie, Moyen-Orient, Afrique et Europe
- Territoires urbanisés
- Forêts et plantations
- Ponts reliant l'île au continent
- Réseau autoroutier
- Aéroport international
- Base navale
- Centre urbain

2. Un lieu de production industrielle
- Zone industrielles
- Raffineries et pétrochimie

3. Le developpement des activités de service
- Activités portuaires de transbordement : terminaux à conteneurs
- Construction et réparation navale
- Centre d'affaires
- Espace récréatif
- Flux de marchandises et de travailleurs

Diversification des espaces et acteurs de la production

Révision EXPRESS

Les points essentiels

- La **mondialisation** a modifié la hiérarchisation **des facteurs de localisation des activités**, en permettant la **DIT**. La production en **JAT** accroît l'importance de l'**accessibilité** et de l'insertion aux **réseaux**.
- Les **FTN** décomposent leur **chaîne de valeur** pour **tirer profit des différences** entre les territoires.
- Les territoires ont tendance à **réduire leur fiscalité** pour attirer les acteurs économiques, ce qui limite leur capacité d'agir.
- La **recomposition des territoires** productifs renforce la **métropolisation**. Les **grandes villes** mondiales, **têtes de réseau**, disposent d'avantages spécifiques pour attirer et conserver les activités de commandement. Elles se livrent entre elles à une **forte concurrence**.
- La **littoralisation** résulte de la DIT, qui implique des échanges entre des territoires complémentaires. Les ports s'équipent et les **ZIP** se développent sur les littoraux les plus actifs.
- Les **flux matériels et immatériels** sont en forte hausse. Ils reposent sur le développement des **réseaux de transport et de communication**, et sont **polarisés** par quelques territoires.
- En France, la mondialisation creuse les écarts entre les espaces productifs. Les **métropoles** confirment leur rôle de **commandement** économique à l'échelle nationale. Elles deviennent de plus en plus **multipolaires**.

Les chiffres-clés

- Les **10 premiers ports** mondiaux représentent **40 % du trafic** mondial de conteneurs. 9 se trouvent en Asie-Pacifique, dont 7 en Chine.
- **26 200 milliards de dollars** ont été investis sous forme d'**IDE** en 2016.
- Les **flux de marchandises** ont augmenté de **150 %** depuis 1990.
- **90 %** de ces flux passent par la **voie maritime**.
- En France, **17 %** des actifs travaillent dans l'**industrie**, **3 %** dans l'**agriculture** et **80 %** dans les **services**.
- **75 % de la production** de textile-habillement français sont confiés à un **sous-traitant**.
- **56 pôles de compétitivité** sont labellisés en France.
- La France consacre près de **50 milliards d'euros** par an à la **recherche**.

Mémo'Quiz

Les espaces de production dans le monde

1. Le JAT favorise la constitution de stocks.

❑ Vrai ❑ Faux

2. L'accessibilité se mesure à la fois pour les échanges matériels et immatériels.

❑ Vrai ❑ Faux

3. La DIT favorise les délocalisations et la sous-traitance.

❑ Vrai ❑ Faux

Métropolisation et littoralisation des flux

1. Il y a de moins en moins de zones franches dans le monde.

❑ Vrai ❑ Faux

2. La mondialisation favorise la littoralisation des activités.

❑ Vrai ❑ faux

3. Vingt-cinq pays assurent la moitié des exportations mondiales.

❑ Vrai ❑ Faux

4. La France encourage le développement de pôles de compétitivité.

❑ Vrai ❑ Faux

Études de cas

1. Singapour est le premier port au monde pour les conteneurs.

❑ Vrai ❑ Faux

2. Les Chinois assurent le développement des compétences en Afrique.

❑ Vrai ❑ Faux

3. La Silicon Valley attire des ingénieurs et chercheurs du monde entier.

❑ Vrai ❑ Faux

➜ Corrigés p. 95

La fragmentation des espaces ruraux dans le monde

28

Lue Relue Apprise

La notion de fragmentation désigne l'accentuation des contrastes démographiques, économiques et environnementaux dans et entre les campagnes.

1 L'extrême diversité du monde rural

A Des situations et des évolutions démographiques variées

- **La population rurale est devenue minoritaire dans le monde en 2007**. La croissance urbaine est largement alimentée par l'**exode rural**, notamment en Afrique et en Asie.
- Il n'y a pourtant jamais eu autant de ruraux sur la planète (**3,5 milliards**). La population rurale devrait décroître à partir de 2022.
- Les dynamiques de peuplement opposent des **régions rurales à forte croissance** à des régions qui connaissent un vieillissement et un **déclin démographiques** sévères.

B Les territoires ruraux, une mosaïque agricole

- L'inégal peuplement des campagnes dépend des **conditions naturelles**, de **facteurs historiques** et du type de **mise en valeur** agricole.
- La **densité** de population est parfois extrêmement **faible**. Ainsi, l'**agriculture productiviste** et l'élevage extensif exigent peu de main-d'œuvre.
- Inversement, certaines formes d'agriculture s'accompagnent du maintien de très **fortes densités**. C'est le cas par exemple des **régions rizicoles**.

Lexique

Agriculture productiviste : mode de production fondé sur la mécanisation et l'utilisation d'engrais et de pesticides.

2 Des enjeux majeurs

A Satisfaire les besoins agricoles

- L'agriculture demeure en règle générale l'activité dominante dans les espaces ruraux. Ses **débouchés** sont de plus en plus **variés** (biocarburants par exemple).
- Elle est confrontée à un **enjeu** crucial : **nourrir 10 milliards d'humains** en 2050. Pour éviter que les **famines** ne progressent, la production alimentaire mondiale devrait augmenter de 50 %. Des **réserves de terres** sont disponibles, mais leur mise en valeur exige des moyens qui ne sont pas toujours à la portée des États concernés.

- L'amélioration des **rendements** repose aussi sur la nécessité d'un **partage plus équitable** des terres en faveur des exploitations familiales ou paysannes.

B Répondre aux menaces environnementales

- L'agriculture et la sylviculture sont responsables du quart des **émissions de gaz à effet de serre**. L'**artificialisation des sols** et l'épuisement des nappes phréatiques ont un impact désastreux sur les écosystèmes ruraux.

Lexique

Artificialisation : transformation d'espaces agricoles ou naturels liée à l'étalement urbain.

- L'essor de l'**agriculture biologique** et le développement des **périmètres de protection de la nature** (réserves, parcs nationaux...) constituent deux moyens de limiter l'impact de ces atteintes environnementales.

3 Des territoires ruraux convoités

A La campagne, une ressource rare et précieuse

- L'**accaparement des terres** est un phénomène qui se développe rapidement depuis le début du XXIe siècle. Il consiste, pour des **investisseurs publics ou privés**, à acquérir de vastes surfaces agricoles dans les pays en voie de développement.
- Les **États-Unis** ou les **pays du Golfe**, par exemple, entendent ainsi répondre aux besoins alimentaires présents ou futurs de leur population.
- Les **firmes transnationales** y voient un moyen d'accroître leurs bénéfices sur le marché agroalimentaire mondial.

B Une domination renforcée du Nord sur les Suds ?

- Les **ONG** et de nombreuses associations paysannes dénoncent cette pratique. Elles la perçoivent comme une forme de **néocolonialisme**.
- Sous certaines conditions cependant, l'accaparement des terres pourrait être porteur de **développement local**. Une entreprise chinoise vient ainsi d'acquérir 60 000 hectares au Sénégal en s'engageant à apprendre aux agriculteurs la manière d'obtenir deux récoltes par an.

Lexique

ONG (organisations non gouvernementales) : associations indépendantes des États et des institutions internationales.

Affirmation des fonctions non agricoles et conflits d'usages

29

Lue Relue Apprise

Les espaces ruraux se caractérisent par le développement de nouvelles fonctions économiques et sociales, qui suscite parfois des résistances.

1 Des campagnes de plus en plus polyvalentes

A La diversification des fonctions socio-économiques

- Les **activités** et les **paysages agricoles** caractérisent par définition l'espace rural. Mais la place et le rôle de l'agriculture évoluent à toutes les échelles.
- La **multifonctionnalité** des campagnes est de plus en plus répandue. Elle s'affirme partout, de manière inégale. Les agriculteurs sont toujours plus nombreux à exercer une autre activité pour compléter leurs revenus (commerce, artisanat...).
- Les **relations entre villes et campagnes** sont de plus en plus étroites. Dans les pays du Sud, elles s'amplifient avec la forte croissance des besoins alimentaires, qui favorise la pluriactivité de la population rurale.

B L'industrie rurale entre repli et renouveau

- Les territoires ruraux sont également le siège d'**activités industrielles**. Elles sont souvent liées au secteur agricole (industries agroénergétiques ou agroalimentaires).
- La **concurrence internationale** pèse sur les secteurs traditionnels (textile, coutellerie, jouets...). Mais les **districts industriels** résistent bien à la mondialisation.
- Dans les campagnes chinoises ou indiennes, des **usines de montage** employant une main-d'œuvre à bon marché s'implantent le long des **axes de communication reliant les principales métropoles** entre elles.

lexique

District industriel : concentration d'entreprises spécialisées dans un secteur d'activité.

C Les services, leviers de la polyvalence rurale

- Certains **services** (centres commerciaux, sites de traitement des déchets, etc.) nécessitent de **très vastes surfaces**. Afin de réduire le prix d'achat et d'aménagement des terrains, il n'est pas rare qu'ils s'installent en pleine campagne.
- De telles activités créent des **emplois**. Elles contribuent au **dynamisme des territoires** concernés, mais entraînent diverses **nuisances** (bruits, odeurs, altération des paysages).

2 Multifonctionnalité et conflits en milieu rural

A La campagne, espace de conflits

- Les agriculteurs et la population rurale ne perçoivent pas toujours positivement la **transformation de leur cadre de vie quotidien**.
- L'arrivée d'habitants en provenance des villes, les **néoruraux**, et l'affirmation de nouvelles fonctions induisent une concurrence qui peut créer des **conflits entre acteurs ou usagers** de la campagne.
- Cette **conflictualité** met en tension des individus ou des groupes (chasseurs, touristes, élus) qui n'ont pas le même **rapport à l'espace** et à son utilisation. Les **ressources** (la terre, l'eau, la forêt) sont au cœur de ces conflits.
- La **massification du tourisme** touche de plus en plus les espaces ruraux. La richesse et la diversité des paysages et du patrimoine favorisent l'essor de l'**agritourisme**.
- Mais la **construction d'infrastructures** et d'équipements destinés à la clientèle de passage (parcs de loisirs, ensembles résidentiels...) n'est **jamais consensuelle**.

Lexique

Agritourisme : hébergement, découverte des traditions agricoles et des produits du terroir au cœur d'exploitations souvent prestigieuses.

B Vers une sanctuarisation des campagnes ?

- La multifonctionnalité croissante des campagnes multiplie les **risques environnementaux**. Des mesures de sauvegarde de la nature sont mises en œuvre : le périmètre des **aires protégées** n'a jamais été aussi étendu qu'aujourd'hui. Il couvre 32 millions de km² au total dans le monde.
- Entre la nécessité de **protéger l'écosystème** et les **impératifs de croissance économique**, la voie est également conflictuelle. Le **préservationnisme** contraint ainsi certaines populations rurales d'Afrique à quitter leur village sans l'avoir choisi.

Lexique

Préservationnisme : politique qui distingue, au sein d'un territoire rural protégé, les espaces strictement dédiés à la nature de ceux que l'homme peut exploiter.

La France : des espaces ruraux multifonctionnels

30

Lue Relue Apprise

Les campagnes occupent 70 % du territoire français. Elles offrent des profils socio-économiques contrastés, quelle que soit l'échelle considérée.

1 La recomposition des espaces ruraux

A Des campagnes entre déclin et renouveau démographique

- Aujourd'hui, **les campagnes françaises ne perdent plus d'habitants**. La population augmente de 0,7 % par an en moyenne, avec des écarts importants localement.
- **Le déclin démographique des territoires isolés se poursuit.** Les campagnes les plus fragiles se concentrent le long de la diagonale reliant la frontière belge aux Pyrénées.
- La dépopulation s'y accompagne de la **disparition des services publics**. Elle accentue la marginalisation des espaces ruraux concernés et fragmente le territoire national.

B Une pression urbaine aux multiples effets

- L'espace **rural proche des grandes villes** connaît une croissance démographique soutenue. Le coût du logement est un facteur majeur de l'**exode urbain**.
- Ce sont surtout les **campagnes faciles d'accès et bien desservies** des régions du sud et de l'ouest du pays qui accueillent de nouveaux habitants. Certains d'entre eux conservent leur activité professionnelle en ville et pratiquent le **télétravail**.
- Le développement des **activités récréatives et de loisirs** est particulièrement net dans les espaces ruraux situés à proximité des métropoles les plus dynamiques.

lexique

Exode urbain : flux de population des villes vers les campagnes.

C L'affirmation de fonctions non agricoles

- Seuls quelques terroirs spécifiques conservent une très forte spécialisation agricole. En règle générale, la **multifonctionnalité** des espaces ruraux se renforce.
- Les **industries** traditionnelles ont été fragilisées par des crises successives. Elles ont parfois laissé place à des **pôles de compétitivité**.

lexique

Pôle de compétitivité : site industriel bénéficiant d'aides publiques à la recherche et à l'innovation.

- Le **tourisme rural** représente plus du tiers de la fréquentation touristique des Français. Certains cantons connaissent une véritable renaissance grâce aux prix attractifs de l'immobilier et à l'amélioration des réseaux de transports.

2 Les campagnes françaises, enjeux d'aménagement

A Pourquoi et comment aménager ?

- **La fragmentation des espaces ruraux pousse les pouvoirs publics à intervenir.** Il s'agit de s'opposer à l'aggravation des inégalités entre individus et entre territoires au nom des principes républicains d'égalité et de solidarité.
- Les **politiques d'aménagement** rural sont **sectorielles** (ciblées sur l'agriculture, l'environnement...) et/ou **spatiales** (seuls certains territoires bénéficient des aides correspondantes).

A Des enjeux à l'échelle nationale...

- L'État est, aux côtés des collectivités territoriales, un **acteur majeur de l'aménagement du territoire**. Il est à l'origine de la création des **zones de revitalisation rurale (ZRR)** en 1995 et de la loi sur le développement des territoires ruraux en 2005.

> **lexique**
> **ZRR** : territoire peu dense et fragile économiquement bénéficiant d'aides fiscales.

- Ces mesures ont été progressivement complétées par d'**autres dispositifs en faveur des campagnes** : création de maisons de services au public, de centres de santé pluri-professionnels, réduction de la fracture numérique, etc.

C ... et à l'échelle européenne

- L'Union européenne se mobilise également en faveur des territoires ruraux. Les **fonds européens structurels et d'investissement** y financent des projets innovants au service de l'emploi, de la recherche, de la formation ou de l'environnement.
- Pour l'Outre-mer, ils s'ajoutent aux mesures spécifiques appliquées en faveur des **régions ultrapériphériques (RUP)**.

> **lexique**
> **RUP** : territoires de l'UE, situés hors du continent, bénéficiant d'aides pour compenser les effets de l'éloignement ou de l'isolement.

Les espaces ruraux Études de cas (1)

31

☐ Lue ☐ Relue ☐ Apprise

1 Les mutations des espaces ruraux en Toscane

A La Toscane, berceau de la *dolce vita*

- Région de **tradition agricole**, la Toscane connaît depuis plusieurs années des **transformations économiques et sociales** de grande ampleur.
- Une succession de **crises agraires**, une **forte croissance urbaine** et une **pression touristique** soutenue bouleversent l'organisation et les dynamiques spatiales traditionnelles.
- Forte de la **réputation internationale** dont jouissent ses paysages et ses terroirs, la Toscane est engagée dans un processus de **recomposition** qui accentue les **contrastes entre espaces dynamiques et territoires en crise**.

B De nouvelles logiques spatiales

- La campagne **autour de Sienne, de Pise et de Florence** bénéficie du **dynamisme de l'agriculture périurbaine**. Les plaines et les collines de l'intérieur se spécialisent dans l'**agritourisme** (voir p. 78), dont le développement stimule l'**économie résidentielle**.
- Les espaces de **montagne** sont en revanche **en difficulté**. Le déclin de l'agriculture, le vieillissement et la dépopulation accélèrent leur marginalisation.
- Ici, la **faune sauvage** reprend ses droits : plus de 600 loups peuplent désormais les forêts d'altitude, suscitant la colère des derniers éleveurs locaux.

Lexique

Économie résidentielle : ensemble des activités qui répondent aux besoins de la population permanente et à ceux des touristes.

Doc. Paysage de l'agritourisme au cœur de la Toscane

2 Mutations agricoles et recompositions des espaces ruraux en Inde

A L'Inde, un « géant agricole » ?

- Près de **900 millions d'Indiens sont des ruraux**. 43 % des actifs occupent un emploi agricole, alors que le secteur ne représente que 16 % de la richesse nationale.
- La **révolution verte** a permis de multiplier par cinq le volume de la production céréalière en 60 ans. L'Inde est devenue le **1er producteur mondial de légumineuses** (haricots secs, pois chiches...).
- L'**autosuffisance alimentaire** de l'Inde est assurée, mais les **rendements** demeurent très **faibles** par rapport à ceux d'autres pays émergents. Les difficultés de distribution, les maladies parasitaires et les incertitudes climatiques freinent la croissance agricole.

Lexique

Révolution verte : politique de développement agricole mise en œuvre par l'État, qui repose sur la mécanisation et la sélection des espèces cultivées.

B Le défi du développement durable

- L'économie indienne ne parvient pas à absorber le **surplus de main-d'œuvre dans les campagnes**. La pression démographique a divisé par deux la taille moyenne des exploitations entre 1970 et 2010.
- Les ruraux forment la majorité des 10 millions d'Indiens qui, chaque année, tombent sous le seuil d'**extrême pauvreté** dès lors qu'ils doivent se soigner. L'endettement excessif des campagnes a entraîné 310 000 suicides en vingt ans.
- Certaines techniques agricoles encore largement répandues en Inde entraînent une **forte pollution**. Au Penjab, aux portes de la capitale, de vastes surfaces agricoles sont incendiées chaque année pour fertiliser le sol, mais en asphyxiant (parfois gravement) des milliers de personnes.

C Des transformations aux effets inégaux

- Les espaces ruraux situés **près des littoraux, dans le sud du pays ou à proximité des grandes métropoles** se caractérisent par leur **dynamisme**.
- Ces campagnes s'inscrivent pleinement dans le mouvement de **modernisation** et d'**intégration de l'Union indienne à la mondialisation**.
- Inversement, l'**intérieur du pays** s'enfonce dans des **difficultés** économiques, sociales et environnementales majeures. Le manque d'équipements et d'infrastructures y est particulièrement criant. Les **écarts de développement** ne cessent de s'aggraver, tant d'un point de vue social que spatial.

Les espaces ruraux Études de cas (2)

32

Lue Relue Apprise

1 Les espaces ruraux canadiens : une multifonctionnalité marquée

A Le Canada, un immense « désert rural »

- Le Canada, **2e pays le plus vaste au monde**, se caractérise par la **très grande diversité de ses territoires ruraux**. Les paysages et la mise en valeur de l'espace canadien dépendent étroitement des conditions naturelles (le climat, le relief, les sols) et de l'histoire du peuplement.
- **La ruralité canadienne n'est pas principalement agricole.** Les surfaces cultivées ne couvrent que 7 % de la superficie totale ; le poids économique de l'agriculture est faible (1,6 % du PIB).
- **Moins d'un Canadien sur cinq vit aujourd'hui hors d'une ville**, alors que les ruraux représentaient 90 % de la population vers 1850. La démographie connaît néanmoins une légère reprise liée à l'affirmation de la **multifonctionnalité** des campagnes.

B Des campagnes de plus en plus polyvalentes

- L'essor du télétravail, une plus grande mobilité des personnes et des biens, l'exode urbain... contribuent à la **diversification** des activités en milieu rural.
- La multifonctionnalité repose sur le **« principe des 4P ».** Les territoires ruraux sont en effet des lieux de résidence (en anglais, ***p**lace*), des espaces récréatifs et touristiques (***p**lay*), des régions de **p**roduction (matières premières, sources d'énergie) et des aires de sauvegarde de la nature et du patrimoine (***p**rotection*).
- Cette multifonctionnalité se déploie **à toutes les échelles**, de la ferme qui propose une chambre d'hôtes, à l'ensemble d'une région qui associe agriculture, industrie et services.

C Un espace rural convoité, entre avantages et inconvénients

- La polyvalence des campagnes contribue à la « **tenue du territoire** » canadien. En assurant le maintien d'une présence humaine active, elle atténue le déclin des espaces agricoles mal adaptés à la mondialisation.

- Elle répond aux attentes des citadins de plus en plus attirés par la *wilderness*, comme le prouve le succès des expériences de pleine nature (safaris arctiques, circuits de canot-camping…).
- Elle peut susciter de vives tensions entre les différentes catégories d'acteurs. **Conflits d'usages** et **risques environnementaux** représentent alors le « revers de la médaille ».

lexique

Wilderness : « nature sauvage » au sens propre, mais aussi état d'esprit, ouverture vers les grands espaces désertiques.

2 Les transformations paysagères des espaces ruraux bretons

A Le bocage à l'épreuve des mutations agricoles

- La Bretagne est une région de **longue tradition agricole**. Les surfaces agricoles occupent 62 % de la superficie totale. Le poids économique du secteur est important, en particulier à l'intérieur de la région.
- Le **climat océanique** est favorable aux surfaces toujours en herbe. Le **bocage** a donc très longuement dominé les paysages ruraux.
- Mais, à partir des années 1960, l'État a mis en œuvre une vaste réforme foncière, le **remembrement**, afin de permettre la mécanisation de l'agriculture et l'amélioration des rendements.
- Le regroupement des parcelles, la suppression des bosquets et la réorganisation des voies de desserte de l'espace rural ont radicalement **bouleversé les paysages locaux**.

lexique

Bocage : paysage constitué de petites parcelles irrégulières fermées par des haies et des talus.

B De nouveaux enjeux pour les paysages bretons

- La Bretagne est aujourd'hui la **1re région productrice de porcs et d'œufs** en France. Mais la pollution des nappes phréatiques, l'érosion des sols, la disparition de la faune qu'abritaient les talus font du remembrement un **désastre écologique**.
- La **recomposition** des paysages ruraux est **amplifiée par l'urbanisation**, avec la construction de lotissements, de centres commerciaux et d'infrastructures variées.
- Les Bretons ont peu à peu pris conscience de l'**importance culturelle et économique des paysages ruraux**. Ils les perçoivent désormais comme un élément de l'identité et de la mémoire régionales, et un vecteur de développement de l'agritourisme.
- À ce titre, ils les protègent : les collectivités territoriales s'opposent de plus en plus fermement au mitage et ont créé des **parcs naturels régionaux**.

Les espaces ruraux

Révision EXPRESS

Les points essentiels

- La **population rurale** n'a jamais été aussi nombreuse qu'aujourd'hui dans le monde, mais sa part est désormais moins importante que celle des urbains.
- La **diversité des dynamiques démographiques et agricoles** accentue les différences dans et entre les espaces ruraux, ce à toutes les échelles.
- Le **défi alimentaire** et les **menaces environnementales** placent les espaces ruraux au cœur des enjeux du XXIe siècle.
- La **multifonctionnalité** des espaces ruraux s'affirme partout. Elle se traduit par le développement des fonctions résidentielles, industrielles ou de services.
- La polyvalence croissante des campagnes engendre des **conflits d'usages** opposant des acteurs qui n'ont pas la même rapport à l'espace.
- En France, les collectivités territoriales, l'État et l'Union européenne mettent en œuvre des **politiques spécifiques d'aménagement rural** en métropole et en outre-mer.

Les chiffres-clés

- Il y a actuellement **3,5 milliards** de ruraux dans le monde (46 % de la population totale).
- Pour nourrir les 10 milliards d'habitants de la planète en 2050, il faudrait que la production alimentaire **augmente de 50 %**.
- Seuls **15 % des espaces ruraux** de la planète font l'objet de mesures de protection environnementale.
- La population rurale française augmente de manière inégale et à un rythme modéré **(+ 0,7 % par an)**.

Mémo'Quiz

Cochez la ou les bonne(s) réponse(s).

Les espaces ruraux dans le monde

1. Le nombre de ruraux dans le monde s'élève à :

❑ 1,2 milliard. ❑ 2,7 milliards. ❑ 3,5 milliards.

2. La Terre compte plus d'habitants en ville qu'à la campagne depuis :

❑ 1995. ❑ 2007. ❑ 2015.

3. Dans les espaces ruraux, quel type d'activité industrielle trouve-t-on le plus souvent ?

❑ La sidérurgie ❑ L'agroalimentaire ❑ La plasturgie

La France : des espaces ruraux multifonctionnels

1. La part du territoire français occupée par les espaces ruraux est de :

❑ 30 %. ❑ 50 %. ❑ 70 %.

2. L'acronyme « ZRR » signifie « zone de ... rurale » :

❑ restructuration ❑ réhabilitation ❑ revitalisation

Études de cas

1. Cette ville ne se situe pas en Toscane :

❑ Sienne ❑ Rome ❑ Pise

2. La part de l'agriculture dans la richesse de l'Inde est de :

❑ 16 %. ❑ 43 %. ❑ 90 %.

3. Le 4e « P » du principe d'organisation des espaces ruraux canadiens correspondant au terme suivant :

❑ protection ❑ planification ❑ polyvalence

→ **Corrigés p. 95**

Développement et inégalités en Chine

33

Lue Relue Apprise

La Chine a connu une croissance économique rapide et a su faire reculer la pauvreté. Elle est pourtant le pays des paradoxes et des inégalités. Ces inégalités, sociales et spatiales, sont expliquées par une diversité de facteurs.

1 Une croissance économique source d'inégalités

A Une croissance…

- La Chine, qui était encore récemment un pays du tiers monde, a connu un processus de **développement rapide**. Ce pays **émergent** a aujourd'hui un IDH moyen (0,75), mais affiche un revenu par habitant faible (8000 dollars/an/hab).
- Ce géant a su freiner la natalité pour **maîtriser la croissance de la population**. La **lutte contre la pauvreté** est un second défi en grande partie relevé : le taux de pauvreté est passé de 84 % de la population en 1981 à 20 % en 2005.

lexique

Émergent : se dit d'un pays du Sud ayant un fort PIB et un poids économique et politique international.

B ….inégale

- Malgré la croissance économique, les **inégalités sociales** se sont nettement creusées.
- On estime qu'aujourd'hui, 1 % des ménages détient un tiers de la richesse du pays. Le **coefficient de Gini** s'est nettement **dégradé**, passant de 0,16 en 1970 à environ 0,46 aujourd'hui.

lexique

Coefficient de Gini : indicateur qui mesure le rapport entre les riches et les pauvres.

2 Des inégalités spatiales importantes

A À l'échelle nationale

- La Chine présente de fortes **disparités spatiales à l'échelle nationale**. On distingue les « **trois Chine** » : le **littoral** est plus densément peuplé, urbanisé et industrialisé ; l'**intérieur** présente une situation intermédiaire ; l'**Ouest** est faiblement peuplé et présente des indicateurs économiques et de développement très faibles.
- Les **provinces du littoral** ont de **meilleurs indicateurs économiques et sociaux**. Shanghai, Pékin et le Guangdong ont un IDH comparable aux pays du Nord (supérieur à 0,8). L'ouest (Tibet, Guizhou, Yunnan, Gansu) du pays a un IDH plus faible (Tibet à 0,5).

B À l'échelle locale

- On retrouve ces **inégalités à l'échelle locale**, entre la **ville** et la **campagne**. Le revenu des urbains est trois fois supérieur à celui des ruraux, l'espérance de vie y est respectivement de 75 et 70 ans.
- Ces inégalités se retrouvent **à l'échelle du territoire des provinces**. Les capitales régionales représentent souvent des poches de prospérité, même dans les provinces les plus reculées, grâce à la présence d'activités tertiaires (administratives, universitaires) et industrielles.

3 Une combinaison de facteurs naturels, humains et économiques

A La Chine de l'Ouest

- La Chine de l'Ouest a des **milieux contraignants**, moins propices aux activités humaines. C'est un **territoire peu aménagé** et celui de **minorités** en position d'infériorité sociale.
- Elle est **moins intégrée à l'espace mondial** ; son économie est marquée par les activités anciennes : l'industrie et l'agriculture organisées par l'État pour le marché intérieur.

B La Chine de l'Est

- La Chine du littoral et de l'Est est le **berceau de la civilisation chinoise** et celle des **fortes densités** de population. Elle a de **meilleurs indicateurs**.
- À la fin des années 1970. Le successeur de Mao, Deng Xiaoping, fait le choix de l'**ouverture économique**, avec la création de **zones économiques spéciales** (ZES) sur les **littoraux**.
- La Chine de l'Est a ainsi bénéficié des **investissements** toujours croissants des pays étrangers, d'un processus de littoralisation de l'économie et de la **métropolisation** (voir p. 51). Elle a également profité de meilleurs **aménagements** (ports, autoroutes, aéroports).

Lexique

Littoralisation : concentration des hommes et de leurs activités sur les littoraux, dont les ports.

Des ressources et des environnements sous pression 34

Lue Relue Apprise

La Chine a vu sa consommation d'énergie et de matières premières exploser à cause de sa croissance démographique et du processus de développement économique. Elle voit aujourd'hui son environnement fortement dégradé.

1 Des besoins croissants en ressources et en énergie

- La Chine a connu une **croissance démographique importante** depuis les années 1950 et une stratégie de développement basée, depuis les années 1970, sur l'**industrialisation**. Les **énergies fossiles**, pour l'essentiel le charbon, représentent encore près de 71 % des énergies totales dans le pays en 2017.

Lexique

Énergies fossiles : énergie produite par la combustion de gaz, pétrole, charbon.

- Le **charbon** est une ressource peu chère et disponible dans le pays. Les industries, comme les populations les plus pauvres, l'utilisent pour leurs **besoins domestiques**. Signe inquiétant : depuis 2000, **la consommation d'énergie augmente beaucoup plus vite que sa production**.
- Les **besoins en ressources** (bois, minerais) **et en eau** ont considérablement augmenté, ils s'expliquent d'abord par la **croissance démographique** et par la **croissance économique**.
- L'eau est de plus en plus consommée. La Chine représente 20 % de la population mondiale, mais détient seulement 8 % de l'eau douce au monde. Les besoins en eau s'expliquent par l'**agriculture irriguée**, la **consommation domestique** des 1,4 milliards de Chinois et le **secteur industriel**, dont l'industrie chimique, grosse consommatrice.

2 Un environnement sous pression

A Les pressions sur l'espace

- L'**augmentation des surfaces cultivées** conduit à une pression sur les espaces forestiers. Les forêts du Sud et du Nord sont particulièrement menacées. La **déforestation** conduit même à la **désertification** au Nord. L'érosion des sols est un véritable fléau national.

Lexique

Désertification : avancée du désert due au recul de la végétation.

- L'**urbanisation** et la **construction d'infrastructures** empiètent sur les espaces naturels et les espaces ruraux. Des aménagements comme les **grands barrages** ont des conséquences sur les vallées des fleuves.

B Le pays de la pollution

- La Chine est victime d'un **nombre croissant de catastrophes**, son environnement est dégradé et la transition écologique n'en est qu'à ses débuts.
- Le pays souffre d'un problème de **pollution des eaux** (fleuves et mer), causée par les **rejets de l'agriculture** (engrais), ainsi que les **rejets industriels et domestiques** des grandes villes. La mer est menacée par l'**acidification** et la **surpêche**.

Lexique

Transition écologique : évolution d'une société vers de meilleurs comportements en termes de consommation d'énergie et de respect de l'environnement.

- La Chine est le **champion mondial de la pollution de l'air**. Les grandes métropoles sont très touchées par la pollution à l'ozone, le CO_2 et les particules fines. On parle d' « **airpocalypse** ».

C La société chinoise et l'environnement

- La **prise de conscience** des problèmes d'environnement est **récente**. Le pays promulgue une **loi sur la protection de l'environnement** en 1979, mais le ministère de l'Environnement n'est créé qu'en 2008. L'enjeu essentiel est de **réduire la part du charbon** dans la consommation totale et de **développer les énergies renouvelables**.
- L'**opinion publique** est de plus en plus consciente des questions environnementales : les trois quarts des Chinois se montrent très inquiets et se mobilisent souvent après une catastrophe ou lors de l'installation d'une usine.

Doc. Un environnement sous pression

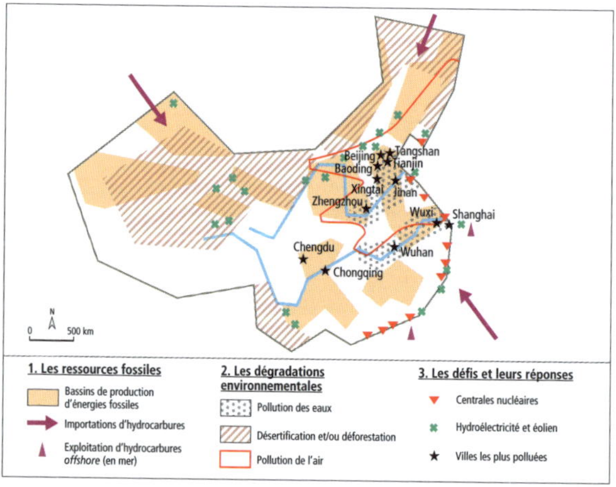

Les recompositions spatiales en Chine

35

Lue Relue Apprise

La Chine, pays des villes géantes et des campagnes très peuplées, a connu une transition urbaine très brutale, engendrant inégalités et problèmes environnementaux. Les espaces ruraux restent surtout marqués par l'activité agricole, mais se recomposent en fonction de leur lien avec la ville.

1 Les recompositions urbaines de la Chine

A Une transition urbaine récente

- Le pays a connu une **transition urbaine** récente. Il a subi une véritable **explosion urbaine** : la population des villes a été multipliée par 8 depuis les années 1950, avec une croissance exponentielle depuis les années 1990.
- Cette croissance s'explique en grande partie par les **migrations internes**. L'**exode rural**, freiné par les autorités dans les années 1950-1960, a brusquement **accéléré** au début des années 1980, avec l'ouverture économique du pays et le développement de l'industrie.

lexique

Transition urbaine : passage d'une population majoritairement rurale à une population majoritairement urbaine.

B Une Chine organisée et polarisée par les villes

- Le territoire chinois est aujourd'hui marqué par un très grand nombre de villes, surtout localisées à l'est du pays. Il compte **une quarantaine de villes dépassant le million d'habitants** ; dix villes de plus de 8 millions d'habitants et deux villes de plus de 20 millions : Shanghai et Pékin.
- Il est **polarisé par ses villes**, mais surtout par ses **aires urbaines** (voir p. 51) : Pékin, Shanghai et l'aire de la « rivière des perles » (région de Canton).

C Les dynamiques spatiales, sociales et environnementales de la ville chinoise

- Les villes chinoises sont marquées par un **processus d'étalement urbain**. Les autorités tentent de contrôler cette extension avec les **villes nouvelles** (installation de nouveaux quartiers d'affaire, campus, qualité de l'architecture).
- Les **centres-villes** chinois changent de manière brutale. Ils sont **modernisés** par une architecture internationale, par les centre commerciaux, et sont de plus en plus réservés aux plus aisés : c'est la **gentrification** (voir p. 54).

- La ville chinoise est un **espace pollué** (automobiles, industries, charbon utilisé comme énergie domestique). Les taux de CO_2 et les particules fines y atteignent des seuils alarmants.

2 Les recompositions du monde rural

A Une Chine rurale encore peuplée et dynamique

- Malgré l'exode rural, les campagnes chinoises demeurent des **espaces dynamiques et peuplés** (43 % de la population).
- La « Chine rurale » de l'intérieur est encore un espace aux **densités importantes** (plus de 200 habitants/km²).

B Les deux Chine rurales

- Le monde rural chinois est marqué par de **fortes inégalités est/ouest**.
- Les **régions de l'ouest** sont très **pauvres** (Xinjiang, Tibet). Elles sont peuplées essentiellement de **minorités** et sont marquées par des **handicaps naturels** (déserts, montagnes) On y trouve une paysannerie massivement pauvre et des colons (population han) venus de l'est.
- Les **campagnes du centre et l'est** de la Chine sont le véritable **grenier à céréales** du pays. Le pays a atteint l'**autosuffisance alimentaire**, grâce notamment à la maîtrise de l'eau (grands barrages). C'est le lieu des grandes cultures, comme le maïs, le blé, les oléagineux et le riz.

C Quatre types d'espaces ruraux

- Les **campagnes proches de la ville** sont gagnées par l'**urbanisation**. On y construit des résidences, des infrastructures de transports (routes, autoroutes) ou de loisirs.
- Ces campagnes ont conservé leur **fonction traditionnelle de ceinture maraîchère** (légumes et fleurs vendus en ville)
- La Chine présente une originalité : il existe des **industries** dans le monde rural qui dynamisent leurs environs.
- Les **espaces du rural profond** sont plus pauvres et **marginalisés**. Ils peuvent perdre des habitants qui partent en ville : ce sont les **migrants ruraux**.

Lexique

Migrants ruraux : Chinois qui ont réalisé leur exode rural pour arriver en ville, mais n'ont pas encore obtenu leur passeport intérieur.

La Chine : des recompositions spatiales multiples

Révision EXPRESS

Les points essentiels

- La Chine a connu un **processus de développement économique rapide** et cependant **très inégalitaire**. L'écart de richesses s'est notamment creusé depuis les années 2000 avec la **mondialisation**.
- Les **inégalités** en Chine sont surtout **spatiales** : la Chine de l'Est, et surtout du **littoral**, est bien plus développée que celle de l'**Ouest**. De manière générale, les habitants des **villes** ont plus profité de l'ouverture économique du pays que ceux des **campagnes**.
- Le pays peut compter sur des **ressources** colossales, mais le **poids démographique** et l'**industrialisation** très rapide de ces quarante dernières années ont conduit à une **pression très importante sur l'environnement**. La Chine, grande puissance économique mondiale, présente également un des environnements les plus dégradés du monde. On parle pour la qualité de l'air d' « **airpocalypse** ».
- La Chine connaît des **recompositions spatiales très brutales** depuis les années 1970, mais surtout depuis les années 2000. L'ouverture économique du pays à la mondialisation redessine très rapidement le visage du territoire chinois, se manifestant surtout par la **littoralisation** et la **métropolisation** (renforcement des **grandes métropoles**, qui se situent essentiellement à l'est du pays). Elle a aussi accéléré les **migrations intérieures** des campagnes vers les villes.
- Le **monde rural** subit un **processus d'éclatement** ; il se réorganise essentiellement par son **lien avec la ville**. Les **villes** chinoises sont les **pôles** essentiels qui organisent le territoire à l'échelle nationale et l'environnement rural à l'échelle locale.

Les chiffres-clés

Superficie : 9 561 000 km² (17 fois la France)
Population : 1,41 milliards d'habitants (1er rang mondial)
Répartition de la population : population urbaine 57 %, population rurale 43 %
IDH : 0,75 (moyenne mondiale 0,73)
PIB : 12 362 milliards de dollars (2e rang mondial)
PIB/hab./an : 7 990 dollars
Coefficient de Gini : 0,46 (France 0,29)
Pollution : 9 milliards de tonnes de rejet de CO_2 en 2016 (1er rang mondial)

Mémo'Quiz

Cochez la ou les bonne(s) réponse(s).

Les inégalités en Chine

1. L'indicateur de développement humain (IDH) de Shanghai et Pékin est de :

❑ 0,5. ❑ 0,7. ❑ 0,8.

2. Quel est le rapport entre le revenu des ruraux et de celui des urbains en Chine ?

❑ de 1 à 2 ❑ de 1 à 3 ❑ de 1 à 5

3. Qui a ouvert la Chine à la mondialisation pour la première fois ?

❑ Mao Zedong en 1949 ❑ Deng Xiaoping en 1978 ❑ Xi Jiping en 2011

Des ressources et un environnement sous pression

1. Quelle est la part du charbon dans le total des énergies consommées en 2017 en Chine ?

❑ 61 % ❑ 71 % ❑ 81 %

2. La transition écologique en Chine est aujourd'hui avancée.

❑ Vrai ❑ Faux

3. C'est surtout la Chine de l'Ouest qui voit aujourd'hui son environnement dégradé.

❑ Vrai ❑ Faux

Les recompositions spatiales de la Chine

1. L'exode rural augmente fortement en Chine à partir des années :

❑ 1960. ❑ 1980. ❑ 2000.

2. Combien la Chine compte-t-elle de villes de plus de 8 millions d'habitants ?

❑ une quarantaine ❑ 10 ❑ 3

3. Les activités économiques du monde rural en Chine sont :

❑ l'agriculture. ❑ l'extraction de matières premières.
❑ l'industrie. ❑ le commerce maritime.

➜ **Corrigés p. 95**

Corrigés

p. 18

La Révolution française et l'Empire **1.** lors de la nuit du 4 août 1789. **2.** la Déclaration des droits de l'homme et du citoyen. **3.** le suffrage censitaire.

L'Europe entre restauration et révolution **1.** le congrès de Vienne. **2.** Louis-Philippe. **3.** la révolution parisienne de février 1848.

p. 30

La difficile entrée dans l'âge démocratique **1.** Faux. **2.** Vrai. **3.** Faux. **4.** Vrai.

L'industrialisation et les transformations économiques et sociales **1.** Faux. **2.** Faux. **3.** Vrai.

La France face à la question des unités italienne et allemande **1.** Vrai. **2.** Faux. **3.** Faux.

p. 40

La IIIe République avant 1914 **1.** les monarchistes. **2.** 1881-1882. **3.** 1879. **4.** loi sur le divorce.

La France poursuit son industrialisation **1.** 1884. **2.** Schneider. **3.** Fourmies.

Métropole et colonies **1.** Algérie. **2.** 10 millions de km^2. **3.** avec de fortes résistances.

p. 50

Un embrasement mondial et ses grandes étapes **1.** austro-serbe. **2.** la guerre de position. **3.** avril 1917.

Des civils acteurs et victimes de la guerre **1.** dans les champs, dans les usines et dans les services. **2.** la propagande permanente. **3.** les Ottomans.

La tentative de construction d'un ordre des nations démocratique **1.** Versailles. **2.** la SdN.

p. 62

Les villes à l'échelle mondiale **1.** Vrai. **2.** Faux. **3.** Faux.

Des métropoles inégales et en mutation **1.** Faux. **2.** Vrai.

Études de cas **1.** Vrai. **2.** Vrai. **3.** Faux.

p. 74

Les espaces de production dans le monde **1.** Faux. **2.** Vrai. **3.** Vrai.

Métropolisation et littoralisation des flux **1.** Faux. **2.** Vrai. **3.** Faux. **4.** Vrai.

Études de cas **1.** Faux. **2.** Faux. **3.** Vrai.

p. 86

Les espaces ruraux dans le monde **1.** 3,5 milliards. **2.** 2007. **3.** l'agroalimentaire.

La France : des espaces ruraux multifonctionnels **1.** 70 %. **2.** revitalisation.

Études de cas **1.** Rome. **2.** 16 %. **3.** protection.

p. 94

Les inégalités en Chine **1.** 0,8. **2.** de 1 à 3. **3.** Deng Xiaoping en 1978.

Des ressources et un environnement sous pression **1.** 71 %. **2.** Faux. **3.** Faux.

Les recompositions spatiales de la Chine **1.** 1980. **2.** 10. **3.** l'agriculture, l'extraction de matières premières et l'industrie.

Crédits photographiques

p. 21 Bridgeman ; **p. 28** BNF ; **p. 48** Roger Viollet/Maurice-Louis Branger ; **p. 81** Andrea Pistoles/Hemis.fr

Direction éditoriale : Raphaëlle Mourey
Coordination éditoriale : Julie Langlais
Édition : Mirna Bousser
Conception graphique intérieur : Julie Lannes
Conception couverture : Frédéric Jély
Compositeur : Linéale
Cartographie et schémas : Légendes cartographie et Philippe Chauvet
Fabrication : Kévin Magar

Achevé d'imprimer en Espagne par Macrolibros
N° de projet : 10249729 - septembre 2019